渡辺惣樹
WATANABE SOKI

アメリカ民主党の欺瞞 2020-2024

DECEPTION OF THE DEMOCRATIC PARTY 2020-2024

PHP

えも、露骨な政治的偏向を見せ、激戦州の不正疑惑には介入しない（放置する）と決めた。

二つ目は、米国メディアの露骨な民主党びいきである。日本メディアのワシントン支局報道は、米国メディア報道のコピーであり、独自の取材で現実のアメリカを日本の読者に伝えない。外国通信社の寄せる報道には、はなから反トランプの色がついている。その結果、「不正選挙はなかった」、「敗北を認めないトランプは往生際が悪い」といったトランプ大統領やその支持者を誹謗《ひぼう》する声が相次いだ。保守と理解されていた日本の論客にもそうした流れに迎合したものが目立った。

しかし実際は筆者の予想通り、トランプ大統領は圧勝していた。そのことは、米国内で公になっている多くの公文書や裁判関連資料（証拠、宣誓供述書、法科学分析など）で明らかになっている。民主党陣営からの反論はなく、彼らは徹底的に証拠隠滅（データを公開しないなど）を謀《はか》り、不正を訴える証人・ジャーナリスト・政治家への「脅迫」を続けている。民主党の「広報機関」であるフェイスブックなどのソーシャルメディアは、不正を訴える声を封殺する。

筆者は、メディア空間のあまりの歪みと偏りを是正すべきだとの思いで、主要な公文書を訳出し、日本の読者に紹介した（『公文書が明かすアメリカの巨悪』ビジネス社）。そこに記された一部のデータだけでもトランプ大統領は確実に再選されていたことがわかる。左の表は同書の中で紹介した激戦六州における不正（が強く疑われる）票数とバイデンリード票を比較したものである。確実な不正票（たとえば死人票、無住所票、複数回投票など）を無効票にするだけで、バイデンリード票は雲散霧消する（より詳細な分析については同書にあたっていただきたい）。

不正が疑われる投票数とバイデンリード票数との比較：カテゴリー別

	アリゾナ州	ジョージア州	ミシガン州	ネバダ州	ペンシルバニア州	ウィスコンシン州
不正不在者票						17,140
選挙日後到着郵便数					10,000	
指定期日外に送付された郵便票		305,701				
指定住所以外居住者投票（注：駐車場や商業地などの住所からの不正郵便票）	19,997			15,000	14,328	
消印日と異なる日の到着数（注：米郵便公社労働組合と民主党の癒着による消印日捏造）	22,903				58,221	
消印のない郵便票					9,005	
他人名義による郵便投票申し込み票			27,825			
死者による投票		10,315	482	1,506	8,021	
同一人の州内ダブル投票	157	395		42,284	742	234
投票資格のない犯罪者票		2,560				
幽霊票（注：全く存在しない人物票）	5,790	15,700				
不法取りまとめ票A（注：介護施設などで票を不法に取りまとめた票）						17,271
不法取りまとめ票B（注：コロナ感染者などの隔離者票を不法に取りまとめた票）						216,000
投票権のない未成年票（18歳以下）		66,247				
有権者登録期限後に登録した者の票	150,000					
住所記載のない票	2,000	1,043	35,109	8,000		
市民権のない人物票	36,473			4,000		
複数州でのダブル票	5,726	20,312	13,248	19,218	7,426	6,848
オーバーボート（注：トランプ・バイデン両候補にマークしたものをバイデン票とする行為）	11,676				202,377	
選挙管理員・監視員不正行為					680,774	
登録署名不一致票				130,000		
集計機不正操作票		136,155	195,755			143,379
100歳以上票					1,573	
登録地以外で投票された票		40,279				
不正が疑われる票数（注：不正票のほぼ全てがバイデン票）	254,772	601,130	446,803	220,008	992,467	553,872
バイデンリード票	10,457	11,130	154,818	33,596	81,467	20,682

出典：第3次ナヴァロ報告書・トランプ大統領は勝っていた、事例、証拠そして統計的エビデンス（2021年1月13日）

本書は、「トランプ大統領は再選されていた」との「事実」をベースに、トランプ第一期政権の実績を再評価し、第二期政権で進めたはずの施策をまとめたものである。バイデン政権は、本書に描写する諸施策と真逆の政策を取り始めた。すでに、完成間近だった不法移民をブロックする国境の壁建設を中止し、国内不法移民（約一一〇〇万）を救済すると決めた。中国を利するパリ協定への復帰（二〇二一年二月十九日）も決めた。

トランプ第二次政権は（現時点では）幻となった。しかし、彼が行なってきた、そしてこれから行なおうとしていた施策を検討することで、バイデン政権の危うさが浮き彫りになる。二〇二二年の中間選挙、二〇二四年の大統領選挙に向けての米国内政治のベクトルやダイナミズムの理解にも役立つ。

アメリカ国民は、建国以来はじめて正当性のない大統領を国家元首に抱いた。米国に代表される共和制では、国王がいない。それだけに国家の統合と安定を維持するためには、「憲法の掲げる理想・理念への国民の忠誠」が欠けてはならない。それが欠けてしまえば国民は「精神的に不安定」に陥る。激戦六州は、合衆国憲法の理念への背信行動をとった。テキサス州など一八州は六州の行動を憲法（修正第一四条）違反として連邦最高裁に訴えた。隠れ民主党支持者である主席判事ジョン・ロバーツの「活躍」で最高裁はその訴えを深く検討することもなく門前払いした。

少なくとも米国民の半分は、民主主義制度の根幹をなす選挙制度が民主党によって崩壊の危機を迎えていることに激しく反発し、そして幻滅している。二〇二一年二月十九日発表のラスムーセン調査によれば、米国民の五四%(共和党支持者八二%、民主党支持者二七%)が、バイデンは極左勢力のパペットだと回答していることからもそれが知れる。

これからの米国の政治はこうした米国民の悲しみと怒りのファクターを内包して進んでいく。本書を読了されれば、この意味するところを真に理解していただけるものと思う。

二〇二一年春　著者

装幀　秦　浩司

アメリカ
民主党の
欺瞞
2020－2024

目次

はじめに

第1章　北米二カ国の左傾化

第2章 非干渉主義外交への回帰

なぜボルトンは罷免されたのか

第3章 中国への怒り

第4章 米リベラル教育の崩壊

第5章 内治混乱、人種分断を煽った民主党の失敗

第6章 本格捜査が始まるはずだったオバマゲート

本文写真

EPA＝時事——p.23, p.36, p.65, p.114, p.138, p.169, p.170, p.176, p.193, p.239, p.244

AA/時事通信フォト——p.41

AFP＝時事——p.45, p.74, p.153, p.155（AFP PHOTO / REPUBLICAN NATIONAL CONVENTION）
p.162, p.179, p.185, p.191, p.201, p.209, p.223

SPUTNIK/時事通信フォト——p.48

CNP/時事通信フォト——p.54, p.56

Imaginechina/時事通信フォト——p.80

GRANGER/時事通信フォト——p.92

ABACA PRESS/時事通信フォト——p.111

dpa/時事通信フォト——p.132, p.148

Sipa USA/時事通信フォト——p.163

第1章
北米二カ国の左傾化

言論の自由よりも政治思想の法的強制

米国・カナダの左傾化（過激リベラル思想の浸透）を日本の読者に正確に伝えることは容易ではない。数年前のことになるが、筆者の友人から、「われわれはこんな国（カナダ）に故郷を捨ててやってきたはずではなかった」という声が聞かれるようになった。友人の多くが、全体主義化した東欧や東アジアの故国から自由を求めて、カナダにやってきた。みな真面目に自身の力で、ゼロから始めて生活の基盤を作り上げてきた。

友人の一人は、故国チェコスロバキアではエスタブリッシュメントに属し、大学で教鞭をとっていた。それでも自由の消えた国で生きることは耐えられなかった。英語が不得意であった彼は、カナダでは教職にはつけなかったが、家の修理業を生業《なりわい》として生きてきた。仕事で家にやってきた彼が、「カナダは変わった」とため息交じりで筆者に語った落胆の表情が忘れられない。これにその場にいたシンガポールからやってきた中華系移民のもう一人の友人もうなずいた。

チェコとスロバキアに分裂（一九九三年）して今はもうない共産主義国家チェコスロバキア、

資本主義国家とみなされてはいるがサディストのように国民コントロールに狂奔《きょうほん》する全体主義国家シンガポール。そうした国の息苦しさを身に染みて感じてきた男たちであるだけに、新天地のはずであったカナダの左傾化（全体主義化）には敏感なのである。

カナダの極端な左傾化を示す事例は多く、その全てを書きだすことはできない。一つ例を挙げるとすれば、二〇一七年六月にカナダ議会で可決された法案C－16号である。この法律は性文化多様化容認理論（ジェンダーセオリー：Gender Theory）を法制化したものである。性差、性的指向などでの差別を許さないとする思想であるが、問題はこの考えに反対する意見（表現の自由）を刑法を改悪してまで圧殺しようとするその全体主義的性向である。

カナダ上院は六七対一一（棄権三）の圧倒的多数で同法案を可決した。公聴会では、トロント大学教授ジョーダン・ピーターソン（心理学）が、反対意見を述べた。

「C－16は、表現の自由を侵し、怪しいイデオロギーであるジェンダーアイデンティティ理論を法律化するものである[*1]」

C－16に反対する識者は、法案の意図そのもの（ジェンダーアイデンティティをベースにした性差別をなくす）には反対しない。しかし、それを根拠にした表現・言論の自由の圧殺に警鐘を鳴らした。ジェンダー理論を疑ったりすれば、人権委員会の前に引きずり出され、場合によってはヘイトクライム犯罪者にされる。

すでにジェンダー理論の先進地カナダ・オンタリオ州の人権規範（Ontario Human Right Codes）は、性差を示す代名詞（His, Her など）の不使用を要求している。昔ながらの価値観だと思われる「男は女性に優しく、そしてたくましくあれ」と主張すれば、ヘイトクライムになる社会が生まれている。過激リベラル政治家であるジャスティン・トルドー首相（自由党）は、「これでジェンダーをベースにして差別することが不法行為になる」と嬉しそうにツイートした（傍線筆者）。

リベラル思想を信じる人々は、異なる意見を認めず、反対意見を「法律」によって封殺する。それが正義だと心底信じている。性の多様性を要求しながら、言論の多様性（自由）を認めない。その自己矛盾に気づかないほど愚かで、反対する人々への暴力的脅迫も平気である。

ドン・プレット上院議員（マニトバ州）はC－16の修正を要求した。この法案に、「ジェンダー理論を理由に特定の言葉の使用を強制したり禁じたりしないこと」を明記すべきだと主張した。この法案が「言葉狩りの合法化」に使われることを懸念したのである。この真っ当な修正要求でさえも、過激リベラル派は気に入らなかった。ツイッター上にはプレット議員を中傷する言葉が溢れた。結局、無修正で法案は可決されたのである。

＊１：カナダ上院公聴会　二〇一七年五月十七日
https://www.youtube.com/watch?v=KnIAAkSNtqo

北米知識人・政治家の左傾化とフランクフルト学派

言論の自由を圧殺してでも「正しい（と思う）こと」は他者に強制しても構わない、という思想は、北米にヨーロッパからやってきた共産主義思想に侵された社会学者が広めたものである。この一群の学者はドイツ・フランクフルト大学を中心に活動していたことから「フランクフルト学派」と呼ばれている。ヘルベルト・マルクーゼ（カリフォルニア大学）に代表されるフランクフルト学派の悪行については、第4章：米リベラル教育の崩壊（フランクフルト学派の主張に乗った米民主党、フランクフルト学派の主張を現実化したカリフォルニア州）で詳述する。

マルクーゼらは、共産主義社会の「素晴らしさ」が世に広まらないのは（世の人々が理解できないのは）、宗教、伝統、常識などによって、一般人の思考ががんじがらめになっているからだと考えた。だからこそ、そうした過去の「悪しき」文化は徹底的に破壊しなくてはならないと決めた。一九六〇年代に北米に渡ってきた彼らは、多くの大学で教職につきその思想を拡散した。

前節で書いた、カナダにおけるC－16は、彼らが育てた「教え子」たちによって成就したのである。カナダでもアメリカでも、大学キャンパスでは保守派教授はパージされ、学生も保守的な意見を述べれば身体の危険さえ感じる空気が醸成された。日本の大学でも、保守系の論者を講演に招こうとすれば妨害されるが、その程度は北米の大学キャンパスに比べればかわいいものである。この問題については第4章で明らかにするのでこれ以上は触れない。

もう一つ見逃せないのは、そうした思想を学んだ学生が、時を経て権力中枢に就いたことである。カナダ国会（庶民院：下院に相当）を見ればそれは一目瞭然《いちもくりょうぜん》である。かつては中道左派だったが大きく左に舵を切った自由党一五七、より左派である新民主党二四、過激環境リベラルの緑の党三を足した議席数は一八四であり、保守党の一二一を大きく上回っている（二〇二一年二月現在：定員三三八）。保守党自体も左にシフトし、保守党員であっても過激リベラル政治家と見まごうばかりの発言を繰り返すものもいる。日本の自由民主党がもはや保守政党ではないことに似ている。

ドミニオン集計機の疑惑　その一

ジョージ・ソロス

左派台頭の原因に、ドミニオン集計機が絡んでいる。二〇二〇年米大統領選挙では同機器による集計異常があまりに多く、この機器の欠陥（問題性）は大きくクローズアップされた。その詳細については前掲書『公文書が明かすアメリカの巨悪』第1章（想像を絶する選挙不正行為）第4節（ミシガン州アントリム郡で使用されたドミニオン集計機監査暫定報告書）で扱ったので、ここでは深く触れないが、カナダでもこの機器が使われており、不審な選挙結果を生んでいた。同機器を製造販売するドミニオン社は、グローバリストの権化であるジョージ・ソロスとの関係が深い。同社の資本所有関係、あるいは幹部の人脈をたどればたちまちソロスにつながる。ソロスの二〇二〇年大統領選挙における悪行は米国政府公文書である第二次ナヴァロ報告書「芸術的選挙泥棒」（二〇二一年一月五日）に詳しい。（『公文書が明かすアメリカの巨悪』第1章第2節に訳出）

ソロスは、一九三〇年八月十二日、ブダペスト（ハンガリー）生まれのユダヤ人である。本名はGyörgy Schwartzだったが、共産化したハンガリーを逃れ英国に移住して以来George Soros

に変えた（一九四七年）。ロンドンスクールオブエコノミクスで学び一九五二年に卒業。その後、ロンドンの銀行員となった。一九五六年九月、ニューヨークに移り、いくつかの証券会社を渡り歩いたのち、自身で運営するソロスファンドマネージメントを立ち上げた（一九七三年）。立ち上げ資金は一二〇〇万ドルであった。[*1] 一九七八年にはクアンタムファンド（Quantum Fund）に改名した。立ち上げからの十年間での四二〇〇％にもなる驚異的な成長を遂げた。この時期のS&P500インデックスが四七％であったことから、ソロスファンドの伸びの異常さがわかる。[*2]

ジョージ・ソロス

クアンタムファンドの方針は、優秀な会社、将来性のある会社への長期投資ではなく、インサイダー取引や通貨危機を利用した短期投機で手っ取り早く荒稼ぎするやり方だった。同ファンドは英ポンド危機（一九九二年）、タイバーツ危機（一九九七年）などで、間違いない方向に強烈なレバレッジを掛ける投機（ショート）で勝ち組となった。ソロスは、インサイダー取引でもフランスで有罪判決を受け、二二〇〇万ドルの罰金を命じられている（二〇〇二年十二月）。この十四年前に仏銀行ソシエテジェネラル株を使ったインサイダー取引を咎《とが》められたのである。[*3] 彼の、二〇二〇年時点での個人純資産は一〇〇億ドルとされているが、この額は、彼の運営するオープンソサエティ基金に一八〇億ドルを寄付（二〇一七年）した後の数字であるからその巨万の富の厚みが知れる。[*4]

＊1：George Soros Biography, Biography, October 3, 2019
https://www.biography.com/business-figure/george-soros

＊2：Jea Yu, How George Soros Got Rich, Investopedia, February 7, 2020
https://www.investopedia.com/articles/insights/081116/how-did-george-soros-get-rich.asp

＊3：Jarrett Murphy, Billionaire Soros Guilty of Insider Trading, CBS News, December 20, 2002
https://www.cbsnews.com/news/billionaire-soros-guilty-of-insider-trading/

＊4：The Guardian, October 18, 2017
https://www.theguardian.com/business/2017/oct/18/george-soros-gives-18-billion-dollars-open-society-foundation
および Wealthy Persons, January 2, 2021
https://www.wealthypersons.com/george-soros-net-worth-2020-2021/

ドミニオン集計機の疑惑　その二

オープンソサエティ基金

オープンソサエティ基金は、ソロスのワンワールド思想を具現化するために組織された。ワンワールド思想の最終目的は世界政府の創設である。

「地球上に生きる全ての人類は平等に扱われる。同じ生活水準や教育、収入や住居レベルも同質。同一通貨を使った世界経済つまり統一化された無駄のない経済システムの中で全ての商品が生産される[*1]」

この「素晴らしき思想」は共産主義思想の焼き直しである。資本主義システムを通じて巨富を築いたソロスがなぜこういった思想を持つに至ったのかは詳《つまび》らかではない。常識的な意味での故国を持たない東欧系ユダヤ人である出自と関連しているのかも知れない。

容易に想像できることだが、ソロスの思想とフランクフルト学派の主張はシンクロナイズする。

彼らは世界政府（実態は共産主義世界政府）創造のための運動を起こした。それがキャンセルカルチャー（常識否定文化）であった。米国・カナダにおいてはその歴史は「原住民からの略奪の歴史」だと教え始めた。米国ではこれに加えて、奴隷制度に基づく人種差別の歴史を強調した。

その思想拡散には、メディアを使い平気で歴史をも捏造《ねつぞう》した。たとえばシリーズ化されたテレビドラマ「ルーツ」（一九七七年）などで、白人が黒人奴隷狩りをする場面があるが、現実は全く違い、そんなことを必要としない奴隷供給市場があった。アフリカ西部では、黒人部族間の抗争で敗北した部族を奴隷にすることは常識であった。従って、白人奴隷商人は、待っているだけでよかった。風土病に弱い白人が自ら奴隷狩りをすることはなく、勝者となった部族が連行する奴隷を「仕入れ」ればよかった。*2

「アフリカでは（勝者となった）黒人部族が、黒人奴隷の供給を担った。彼らはヨーロッパの奴隷商人と対等の立場で交渉した。ヨーロッパ商人にセリをかけさせベストの価格を決めた*3」

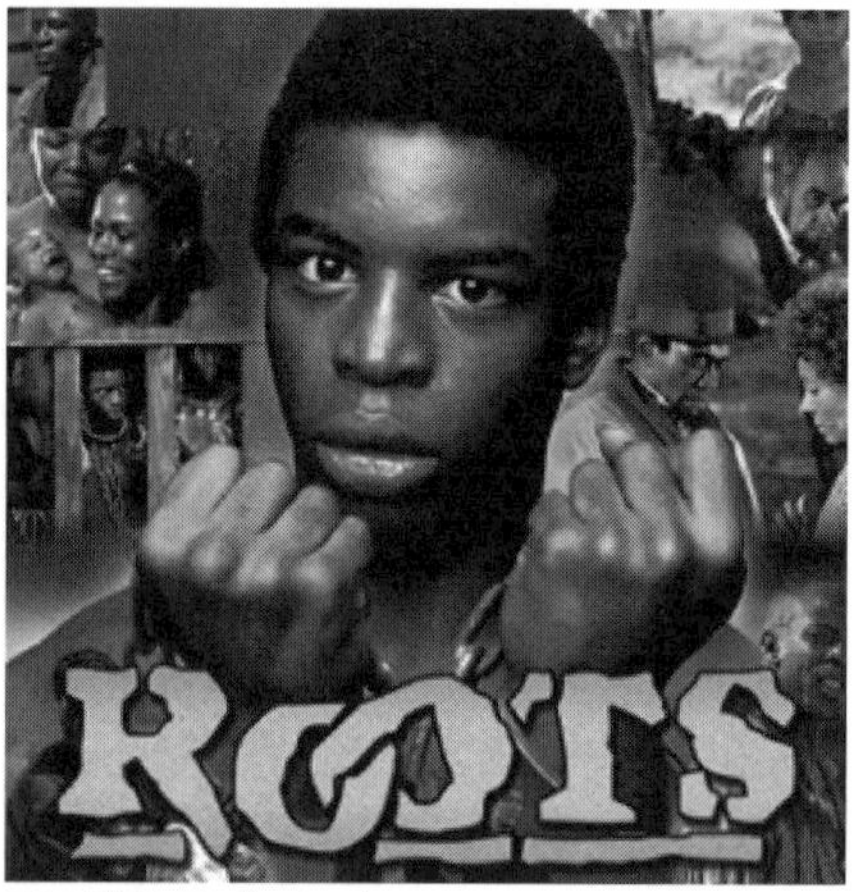
2001年版DVD「ルーツ」

しかし、黒人が黒人を売った歴史事実はキャンセルカルチャー運動には不都合だった。だからこそ、白人商人が自ら奴隷狩りをしたことにした。その嘘は何も知らない一般人の「優しい感情」を刺激した。米国の悪の歴史創造のツールとなった「ルーツ」は二〇〇一年にDVD版が出ている（右頁写真）。これは今でも日本を悩ます朝鮮人「慰安婦（売春婦）」問題と同根である。吉田清治は、女衒《ぜげん》による供給を帝国陸軍による「人さらい」に変えた（創作した）。米国で、「慰安婦像」を喜んで受け入れるのが民主党系の州（カリフォルニア、ニューヨーク、バージニアなど）に集中している理由は、ビジュアルや目に見える少女像を利用した洗脳が効果的であることを、互いが知っているからである。彼らには歴史捏造への罪悪感はない。

いずれにせよ、ソロスの思想とフランクフルト学派の教育で育ったリベラル政治家のそれはうまくシンクロする。それだけに、オープンソサエティ基金の資金は、そうした政治家の出世（権力奪取）に惜しみなく投じられた。彼らは、民主主義制度の根幹である選挙制度そのものは否定できないが、その結果は思い通りにできることに気づいた。電子集計機をひそかにプログラミングして、常にリベラル政治家が勝てるように設計すればよかったのである。ソロスは電子集計機メーカーであるドミニオン社（Dominion Voting）に目を付けた。彼らは、米国・カナダの開票・集計作業に電子機器を導入させることで思い通りの結果を作り出せることに気づいたようだ。

導入させることはそれほど難しくはなかった。たとえば米国では操り人形となる政治家を州務長官に据え（政治資金による支援）、彼らにドミニオン機器の導入を決定させた。多額な導入コストもソロス系のＮＰＯ組織が立て替えたり、寄付金を流用させた。

ドミニオン社は、ギリシャ系カナダ人であるジョン・プーロス（John Poulos）が立ち上げた会社である。カナダでは、およそ一五〇の地方自治体の選挙や主要政党の党首選の集計に採用されている。米国ではおよそ三五州（計一〇〇〇の郡）が採用している。[*4] プーロスは今でもＣＥＯを務めるが、同社は二〇一八年七月以来、投資ファンドであるステイプル・ストリート・キャピタル（Staple Street Capital）傘下にある。ステイプル・ストリートはジョージ・ソロスの設立したファンドであり、役員の一人にウィリアム・ケナードがいる。ケナードは、クリントン政権ではＦＣＣ（米連邦通信委員会）委員長を、オバマ政権では駐ＥＵ大使を務めた民主党系の大物である。ドミニオンは完全に民主党の色のついた会社である。

民主党勢力は、ドミニオン集計機を三つの方法で利用した。一つは集計機器に組み込まれたソフトウェア（スマートマチック）を悪用した票の付け替えである。二つ目は、その付け替えプログラムが間に合わないほどに対抗馬が得票している場合に備えての読み取り不能票の吐き出しである。同機は投票用紙のわずかな不具合でも読み取り不能にするようプログラム設定が可能である。そうすることで、読み取り不能票を増やす。読み取れなかった票の投票先の決定は開票担当者の視認で決められる。先の大統領選では、大量の読み取り不能票が作られ、トランプ票がバイデン票に付け替えられていた。共和党監視員を何がなんでも集計所から排除したのはこの違法行為に異議を申し立てさせないためであった。

三つ目は、（現時点では断定できないものの）集計作業中に民主党（カナダでは自由党）候補が、どれほど負けているかの数字を正確にはじき出させることである。そうすることで、あらかじめ機械に組み込んだソフトウェアの付け替えで対応できるか否かがわかる。ソフトウェアによる付け替えあるいは読み込み不能票の操作だけでは間に合わない場合、逆転に必要な、偽投票用紙の数を即座に計算し民主党陣営に伝える。先の選挙では、激戦州で突然に集計作業が中止され、遅らされたのはそのためであったようだ。逆転に必要な数の偽投票用紙を準備する時間が必要だったのであろう（この問題についても『公文書が明らかにするアメリカの巨悪』に詳しい）。これが激戦州でのバイデンリードが、全ての州で見事なほどに僅差だった理由と考えられる。

ジョージ・ソロスはワンワールド思想拡散にとって最大の障害である愛国者大統領ドナルド・トランプの排除に成功し、トランプの進めたＭＡＧＡ（Make America Great Again）運動に待ったをかけることができた。ドミニオンの貢献は甚大だった。ソロスはその喜びの中でマーク・マロック＝ブラウン（Mark Malloch Brown：元英国労働党員、元国連副事務総長）をオープンソサエティ基金の新会長に据えた（二〇二〇年十二月）。ブラウンは、ドミニオンが使用するソフトウェア（スマートマチック）を所有するＳＧＯ社の会長であった。よく知られているようにスマートマチックは、ベネズエラの独裁者ウゴ・チャベスが、選挙結果を自身に有利にするために開発させたプログラムのＤＮＡを持つ。

本書でこれから展開する記述の理解には、ここに書いたフランクフルト学派に侵された過激リベラル政治家（米民主党）とジョージ・ソロスが代表するワンワールド思想の「合体」を頭に入れておくことが重要である。先に書いたように、この二つの思想は共産主義思想が擬態した姿である。彼らの支援を受けて誕生したバイデン政権は、米国の国柄を徹底的に破壊しながら、共産主義国家中国と「仲良く」共存する政策を進めることになる。時に厳しい対中政策を見せても、それが本音でないことはすぐに露見しよう。なお、ワンワールド思想を是《ぜ》とするソーシャルメディア（GAFA）の民主党支援の実態（醜態）については、本書では扱わない。この問題についても『公文書が明らかにするアメリカの巨悪』で触れているので、そちらを参考にしていただきたい。

＊1：Kent Anthony Mayeux, Nationalism vs Globalism, June 14, 2020
https://medium.com/@kentmayeux/nationalism-vs-globalism-a-silent-jihad-around-the-world-954e04e6b0c6

＊2：Charles C. Mann, 1493, Granta Books, 2011, p337

＊3：同右、p334

＊4：John Poulos: The Greek Behind Dominion Electronic Voting System, Helleniscope, November 15, 2020
John Poulos: The Greek Behind Dominion Electronic Voting System - Helleniscope

第2章

非干渉主義外交への回帰

なぜボルトンは罷免されたのか

ネオコン外交

ネオコンについては拙著『アメリカ民主党の崩壊 2001-2020』で詳述した。その特徴は以下の六点である。

一 徹底的に反ソ
二 小国の政権を強引に親米に変更（傀儡《かいらい》政権化）させても構わない（レジームチェンジは是）
三 先制攻撃は許される
四 経済リベラリズム
五 リベラル的社会政策
六 親イスラエル

ネオコン思想は「干渉主義」である。「干渉」という言葉を嫌うメディアや正統派（釈明史観）歴史家は「国際主義」と言い換える。歴史的に見れば、アメリカの国是は長期にわたってモンロー主義（非干渉主義）だった。ヨーロッパ諸国には南北アメリカには干渉させない。同時に米国はヨーロッパ問題には干渉しない。これが米国建国の父たちの遺言だった。

この遺言（国是）は、ウッドロー・ウィルソン大統領（民主党）の第一次世界大戦参戦で反故《ほご》にされた。協商国（英仏露など）は米国の加勢を得て、中央同盟国（独墺トルコなど）に勝利した。その結果、ベルサイユ体制が出来上がったが、米国民はその体制の不正義と脆《もろ》さにたちまちに気づかされた。全ての戦争責任を独墺に被せ、法外な賠償金を課し、少数民族の勝手気ままな主張をベースにした国境線引きが行なわれた。協商国は多額の借款《しやっかん》を米国から受けていたが、その返済は遅々として進まなかった。返済を求めれば「米国は現代のシャイロックだ」と罵声《ばせい》を浴びた。要するに、ウィルソン大統領が国是を破って協商国を勝利させ、ベルサイユ体制を構築したものの、ヨーロッパに安定は訪れなかった。

米国民はモンロー主義の正しさに気づいた。だからこそ、ウィルソン大統領退陣後は共和党の大統領（ハーディング、クーリッジ、フーバー）を選び続けた。一九三二年の選挙では世界恐慌が深刻化していた。これを奇貨として、民主党はフランクリン・デラノ・ルーズベルト（ＦＤＲ）を擁立し、ようやく政権を奪い返した。ＦＤＲは米国外交を再び干渉主義に変更した。鳴り物入りで始めたソビエトも顔負けの社会主義政策（ニューディール政策）は、権力に近い組織（政府資金の出る「蛇口」に近い人物や組織）の懐《ふところ》を潤《うるお》しはしたが、不況からの脱出はできなかった。

米国が不況から脱出したのは、ヨーロッパで再びの戦火（一九三九年九月、ナチスドイツのポーランド侵攻）が始まり、米国が英仏の軍需品供給工場になって以降のことである。一九四一年十二月の真珠湾攻撃は、ＦＤＲ政権の異常なほどの干渉主義的対日外交への反発として起きた。それを利用してＦＤＲ政権は念願であった対独戦争に参入することができた（裏口からの参戦の成功）。

第二次世界大戦で米国は再び勝利者の側に立ったが、世界に平和は訪れなかった。ＦＤＲが、深い考察もなく無節操に同盟国として扱った共産主義国家ソビエトがその牙《きば》を現し、世界の共産化を進めた。その結果として冷戦が惹起《じやつき》した。ソビエト共産主義帝国が崩壊し、冷戦が終わったのは一九八九年のことである（ブッシュ・ゴルバチョフ会談）。

ＦＤＲは、本を読まなかった。彼は毛並みの良さと気の利いたスピーチ力で大統領に上り詰めた。本を読まない人間に共産主義の本質がわかるはずもない。彼は愚かな「勘」で、共産主義は「民主主義の亜流」だと理解した。その結果、政権内には共産主義思想に侵された政治家や実務官僚が跋扈《ばっこ》した。言うまでもなく実務官僚の多くが親ソビエトであり、中には本物のソビエトスパイもいた。

第二次世界大戦の結果、共産主義拡散の防波堤となっていた日独両国は破壊された。連合国だった英国もフランスも疲弊した。世界革命思想を持つソビエトの世界共産化の動きに対抗する軍事力を持つ国が、ヨーロッパからもアジアからも消えた。米国はＦＤＲ外交の結果、ただ一国でソビエトの外交・軍事攻勢に対峙《たいじ》しなくてはならなくなった。その結果、米国は西側諸国を共産主義の攻勢から守る「孤独な警察官」となった。

「孤独な警察官」が採った外交政策が「トルーマンドクトリン」だった。ＦＤＲの死を受けて大統領となったハリー・トルーマンが唱えた「力によるソビエト囲い込み外交」がトルーマンドクトリンである（一九四七年三月提唱）。ソビエトの赤化攻勢に対抗できる唯一の国となってしまった米国は、非干渉主義に戻ることができなくなった。したがって、戦後外交は民主党、共和党のどちらの大統領が現れても、その外交は干渉主義的なトルーマンドクトリンの焼き直し外交となった。

先に書いたように冷戦は一九八九年に幕を閉じた。共産主義から決別したロシアは資本主義国家へのシフトという難題を抱えたが、ロシアはその改革に米国から多くのアドバイザーを迎えた。国有企業の民間企業化にも彼らが知恵を出した。常識的に考えれば、世界革命思想を抱えたソビエトの消滅で世界はより平和になるはずであった。しかし、そうはならなかった。

その理由は、先に書いたネオコン思想の政治家、実務官僚あるいは学者たちが、米国の世界覇権を確実なものにする新ドクトリンを採用したからである。それが「防衛計画指針：Defense Planning Guidance」（一九九二年二月）だった。ネオコンの代表とも言えるポール・ウォルフォウィッツ（後の国防副長官：二〇〇一年一月〜〇五年五月）とルイス・リビー（後のディック・チェイニー副大統領補佐官：二〇〇一年一月〜〇五年十月）が作成したこの指針が「ポスト冷戦干渉主義外交」のテキストブックとなった。

このテキストブックに書かれた冷戦後の米国外交には、三つのポイントがあった。第一は、二度と米国のライバルとなる国を生ませない。これはいかなる国にも地域覇権さえも許さないとす

ルイス・リビー

ポール・ウォルフォウィッツ

る断固とした考えである。第二は、アメリカ的価値観（民主主義）の強制である。第三は、民主主義体制でない国は力づくでも民主主義化させる（レジームチェンジ）である。この考えは「ウォルフォウィッツドクトリン」と呼ばれているが、トルーマンドクトリンと本質は同じである。ソビエトという米国の力に唯一対峙できる強力な国家が崩壊してもなお、米国は干渉主義的外交の継続を決めたのである。「ウォルフォウィッツドクトリン」は米国一国覇権主義と言い換えてもよい。

冷戦の終結で米国は再び非干渉主義的外交に切り替えることができた。しかし、冷戦時代に勝《まさ》るとも劣らないほどの干渉主義的外交の継続を選択した。ネオコン思想家は、民主・共和両党で横断的に「活躍」した。米国外交は政権が民主・共和に入れ替わっても本質的変化はなかった。

ソビエト崩壊後（冷戦後）も世界各地で紛争が

続いた。主な紛争だけ列挙しても以下の通りである。

湾岸戦争（一九九〇～九一）
第一次ソマリア内戦（一九九二～九五）
ボスニア戦争（一九九二～九五）
ハイチ侵攻（一九九四～九五）
コソボ紛争（一九九八～九九）
アフガン戦争（二〇〇一～継続中）
イラク戦争（二〇〇三～一一）
ワジリスタン紛争（二〇〇四～継続中）
第二次ソマリア内戦（二〇〇七～継続中）
リビア内戦介入（二〇一一）
イラク内戦介入（二〇一四～継続中）
シリア内戦介入（二〇一四～継続中）
リビア内戦再介入（二〇一五～継続中）

ソビエト崩壊後（冷戦後）も、米国は世界の警察官を務めていたことがよくわかる。

ネオコン外交を嫌う ドナルド・トランプの登場

干渉主義的戦争の典型であるイラク戦争が起きた二〇〇三年当時、ドナルド・トランプは民間人であった。二〇一六年の大統領選挙では、イラク戦争には当初から反対であったとトランプは主張した。ただその物言いは、「イラク侵攻よりも国内経済を優先すべきだ」（イラク戦争勃発二カ月前の一月三十一日発言[*1]）とマイルドであったため、民主党陣営から「トランプはあの時に反対などしていなかった」と反論された。

確かに、積極的に反対していたとは言いにくいが、ブッシュ政権は、「サダム・フセインは大量破壊兵器を開発中であり、生物化学兵器はすでに保有している」と国民に説明していた。世論の多くがブッシュ政権のプロパガンダに騙されていた時期だったことを考えれば、イラク介入に消極的な態度を取っただけでも十分に評価に値する。

実際、トランプの上記発言からしばらくたった二〇〇三年二月五日、コリン・パウエル国務長官（当時）は国連安全保障理事会の場で、「サダム・フセインは大量破壊兵器（核兵器）あるいは生物化学兵器を保有している」と訴え、フセインの危険性を煽《あお》っていたのである（対イラク戦争の正当化スピーチ）。パウエルは、スピーチの中で、アブー・ムスアブ・アッ＝ザルカーウィーの名を二一回も出した。アッ＝ザルカーウィーはアルカイダ幹部だった。彼の名を繰り返すことで、イラクとアルカイダが共謀関係にあることを強調したのである。

当時、米国民はニューヨーク貿易センタービルの崩壊（世界同時多発テロ事件：二〇〇一年九月十一日）で気が荒くなっていた。主犯グループであるとされていたアルカイダをサダム・フセインが支援していた（深い関係がある）かのような印象操作は、容易に受け入れられる空気があった。パウエルのスピーチからひと月半経った三月二十日、米国はイラクに侵攻した。

米国は、サダム・フセインの排除に成功したものの、大量破壊兵器の存在を示す証拠は発見できなかった。アルカイダとの関係もなかったことが明らかになった。パウエルの国連での説明は嘘だったのである。二〇一六年の大統領選挙選の時期には、米国のイラク戦争は大間違いであったことは広く国民に知られていた。サダム・フセインの排除で、スンニ、シーア両派の対立が深まりイラクは混乱し、イスラム原理主義の過激テロ組織ＩＳＩＳの跋扈も始まった。シーア派を推すイランもイラクへの影響力を高めた。イラクはネオコン外交がはからずも創造した中東混乱の原型となった。

ブッシュ政権からオバマ政権に代わっても外交はネオコンが牛耳《ぎゅうじ》った。国務長官（二〇〇九年一月～二〇一三年二月）に任用されたヒラリー・クリントンもネオコン官僚を登用した。『アメリカ民主党の崩壊 ２００１－２０２０』にも書いたように、彼女の時代に「アラブの春」工作が仕掛けられ、その背後にはＣＩＡの工作があった。ブッシュ政権のネオコン外交の典型が対イラク外交であったとすれば、オバマ政権のそれは対リビア外交だった。カッザーフィー（カダフィ）殺害に成功したヒラリー外交だったが、カッザーフィーの消えたリビアもイラク同様に混乱した。リビア東部はイスラム原理主義勢力の支配地域となり、そこから多くのテロリストが中東各地に散った。自爆テロリストの多くがこの地で訓練を受けていた。

二〇一六年九月二十六日、トランプとヒラリーの直接討論があった。トランプは「中東を見てごらんなさい。もうメチャクチャでしょう（It's a total mess.）。こうなってしまった原因のほとんどがあなた（ヒラリー）の外交にある」と批判した。

トランプの批判はヒラリー外交を担ってきたネオコン勢力への対決宣言でもあった。トランプは、この日からさかのぼること五カ月前の四月二十七日、トランプ政権となった場合の外交指針を示していた。「失敗ばかり繰り返してきた肩書ばかり偉そうな『外交専門家』に代わって、より合理的で実利的な考えを持つ新しい人材を採用する」と語り、ネオコン勢力との決別を明言していた。

ネオコンは、万一トランプが大統領になってしまえば、政権への影響力を失うと危機感を高めた。彼らによる「ネバートランプ運動」が始まった。「外交専門家」と自負する男たちのトランプバッシングである。「人種差別主義者」「孤立主義者」は序の口で「ファシスト」とまで呼び、彼を罵倒した。「トランプは大統領に不適格な男（unfit）だ」と、過去の言葉尻をとらえたレッテル貼りの始まりである。

中でもエリオット・コーエン（ブッシュ政権国務省参事官：二〇〇七年四月〜二〇〇九年一月）の批判は口汚ないものだった。コーエンは、ネオコンの中でも特に過激派で知られている政治学者（ユダヤ系）である。

「奴は無知蒙昧《もうまい》（ignoramus）である。正確に言えば『危険な馬鹿野郎』である。外交のイロハも知らない。（中略）無知だけならまだしもわが国の同盟国を侮辱《ぶじょく》する。わが友邦はすでにこの選挙で（トランプ候補の物言いで）動揺している。彼はわが国外交に大きなダメージを与えているのである」（二〇一六年九月十九日[*2]）

エリオット・コーエン（ブッシュ政権国務省参事官：2007年4月〜2009年1月）

十一月八日、ネオコンの怖れが現実となった。ヒラリーは敗れ、トランプが勝利した。一九九三年（ビル・クリントン政権）以来、およそ四半世紀にわたって、彼らは馬を操るジョッキーだった。トランプ政権ではジョッキーになれないことに気づいた彼らは、「ジョッキーが駄目なら馬になる」と方針を変えた。
トランプには外交方針を大きく転換するとい

う強い意志がある以上、ネオコンは彼をジョッキーとして操る立場にはつけない。しかし、ジョッキー（トランプ）の思い通りに走らない馬にはなれるのではないかと考えたのである。

彼らは、四半世紀にわたる経験と人脈がある。その無形資産をトランプ新政権に提供すると約束し、高位の外務官僚の地位を狙った。彼らは、トランプ次期大統領が立ち上げた新政権準備チームにアプローチし、外交の「無形資産」の提供を申し出た。この時期のネオコンの動きは次のように描写されている。

「（ネオコンの代表格である）エリオット・コーエンは大統領選挙後、反トランプの姿勢（boycotting Trump）を変えた。彼の指導を仰いできた（職を失うことになる）ネオコンたちに、新政権ではボランティアでもよいから外交に関与できるように動けと訴えた。もはやジョッキーにはなれないことを覚悟し、（意のままにならないジョッキーを乗せた）馬の立場での参加になることに甘んじなくてはならない」

「（方針を変更した）コーエンは、新政権準備チームに強いコネクションを持つ友人を通じて、新政権に協力ができることを伝えた[*3]」

＊1：FOX News, Neil Cavutoのインタビュー、二〇〇三年一月三十一日

＊2：UPI, Elizabeth Shim, Sept.19, 2016
https://www.upi.com/Top_News/World-News/2016/09/19/North-Korea-nuclear-test-raises-questions-about-Donald-Trumps-foreign-policy/6881474304820/

＊3：Justin Raimondo, Dear President Trump: Just Say No to the Neocons, November 18, 2016
https://original.antiwar.com/justin/2016/11/17/dear-president-trump-just-say-no-neocons/

逆恨みしたネオコンの犠牲者
マイケル・フリン　その一

しかし、コーエンの目論見《もくろみ》は外れた。新政権準備チームから門前払いを受けたのである。彼は、「トランプの新政権準備チームと話し合ったが、埒《らち》が明かない。私は考えを変えた。彼らとは距離を置く。奴らはわれわれに憤《いきどお》っている。われわれに『消え失せろ』という態度である。これからの動きはかなり荒っぽいものになる」とツイートした（二〇一六年十一月十五日[*1]）。

このツイートからおよそ二週間経った十一月二十九日、新政権準備委員会のメンバーが正式に発表された。委員長には次期副大統領マイク・ペンスが、副議長格には共和党有力者（元下院議長ニュート・ギングリッチ、同党大統領候補選を争ったベン・カーソン、元ニューヨーク市長ルドルフ・ジュリアーニら）が就いた。軍関係者（安全保障）からは陸軍退役中将マイケル・フリンが選ばれた。この人選から、フリン中将が新政権の安全保障政策の実務上のトップになることは確実であった。

フリン中将は、アメリカ国防情報局（DIA：Defense Intelligence Agency）長官だった（オバマ政権、任期：二〇一二年七月二十四日～二〇一四年八月七日）。DIAは国防総省傘下の軍事情報に特化した情報機関である。二〇一二年八月および十月、DIAはカッザーフィー政権崩壊後のリビア情勢を分析したレポートをまとめた。リビア北東部ではイスラム原理主義勢力が勃興し、カッザーフィー政権が保有していた大量の武器をシリアの反アサド勢力やISISに流していることを指摘した。ネオコン外交が中東をますます混乱させていることを示す内容で、ネオコンには都合の悪い内容だった。

フリン中将は二〇一四年八月に解任された。「組織マネジメント能力の欠如」が表向きの理由だった。実際は、オバマ政権がアラブの春の延長作戦として、アサド政権（シリア）のレジームチェンジを狙っていることを批判したからだった。解任からおよそ一年後の二〇一五年七月三十一日、フリン中将はアルジャジーラ（カタールの衛星放送チャンネル）のインタビューに答えた。その中に次のようなやり取りがあったことからそれがわかる。

マイケル・フリン退役中将

「要するに、あなたはこうしたグループ（イスラム原理主義過激派）を利用するやり方（反シリア政府組織やISISに武器を流す行為）に反対していたのですね。あなたの意見に耳を傾けなかった人物は誰でしょう」（アルジャジーラ）

「政権全体です」（フリン*2）

フリンは、荒っぽいネオコンの中東外交の裏面を知り尽くしていた。コーエンのアプローチを門前払いしたのはフリンであったことは間違いない。ネオコンの恨《うら》みは彼に集中した。

フリンはロシアとは相互理解が可能であり、米国の真の敵は中国であると考えていた。[*3] ロシアとは敵対し、中国とは蜜月外交を続けてきたオバマ政権の旧幹部がフリンを嫌ったのは当然であった。彼を次期政権の安全保障政策に関わらせてはならなかった。そうなればオバマ政権八年の外交の全てが否定される。二〇一六年十一月十日、オバマ大統領は、トランプ次期大統領をホワイトハウスに呼び、九十分にわたって話し合った。オバマはこの席で、フリンに安全保障問題を任せてはならないと「警告」した。

フリンが新政権の安全保障政策のトップになれば、オバマ外交だけでなく、四半世紀にわたるネオコン外交も否定され、彼らの評判は地に落ちる。将来の政府要職からも外され、ロビイストとしての活躍もできない。フリンはプライドが高いネオコンたちの恨みを一身に受けた。彼らを重用してきたオバマ政権の愚かさも表面化するだけに、オバマ大統領の焦《あせ》りも相当なものだった。

オバマ大統領はアラブの春外交の推進にあたって、国民を欺《あざむ》いた（特にレジームチェンジのためにISISをひそかに支援していたこと。このことは二〇二〇年十二月にワシントン上院報告書で事実と確認された）。とりわけ、カッザーフィー政権（リビア）を崩壊させるまでの工作（ベンガジ事件をきっかけに露呈：『アメリカ民主党の崩壊　2001-2020』第3章で詳述）[*4] は、何としても隠し通さなくてはならなかった。フリンはそれをよく知る立場にいた。

トランプ政権の安全保障外交を任されることになるフリン退役中将が、駐米ロシア大使（当時）セルゲイ・キスリャクと電話会談したのは、二〇一六年十二月二十九日のことである。フリンは、レイムダック化したオバマの対ロシア外交の粗っぽさを危惧《きぐ》していた。

オバマ大統領は、ヒラリー・クリントンの敗北はロシア政府の干渉があったからだと訴えていた。二〇一六年十二月二十九日、彼は、駐米ロシア外交関係者三五人に国外退去命令を出した。ホワイトハウスはその理由を「ロシアによる二〇一六年大統領選挙介入」であると述べた。[*5]

オバマ政権（ネオコン）は徹底的な反ロシア外交を進めてきた。ロシアの選挙介入の明らかな証拠はなかったが、ロシア外交官の追放でネオコン外交が正しかったことを国民に印象付ける狙いがあった。この乱暴な対ロシア外交を、対ロ協調外交に切り替えたいと考えていたフリンは憂えた。ロシア外交官追放措置を聞いたフリンはキスリャク大使に直ちに電話した。ロシアの怒りを鎮《しず》め、予想されるロシアの対抗措置が過激にならないよう要請したのである。二人はトランプタワーで直接会い、その後も交信を続けた。

フリンは、キスリャク大使に米国の外交方針はトランプ政権では大きく変わると伝えた。会談内容は、以下のようなものだった（二〇二〇年五月二十九日秘密解除）。

「私が貴国（ロシア）にお願いしたいのは、オバマ政権の措置への対抗は同程度のレベルにとどめて欲しいということです（相互主義）。対抗措置以上にエスカレートさせないで欲しいのです。

セルゲイ・キスリャク（ロシア駐米大使：2008年7月～2017年8月）

私の言わんとしていることがわかりますか？」（フリン）

「わかります。ただモスクワは（オバマ政権の仕打ちに）憤っていることも事実です」（キスリャク）

「（前略）今こそ冷静になる時です。われわれには中東において共通の敵がいます。これからやらなければならないことははっきりしているではないですか」（フリン）

「（これに同意したキスリャク大使に）われわれは米ロ共通の脅威（ISISなどイスラム原理主義勢力を指す）を共に手をとって排除しなくてはなりません。（中略）新政権になれば、米ロ関係は必ず改善します。（中略）私は外交官的思考ではなく（リアリズムをベースにした）軍人の思考であなたに話しています。どうしたら（両国の懸案を）解決できるのかを考えているのです。過去のことを問題にするのではなく、これから何ができるかを考えましょう」（フリン）

「あなたの考えはよくわかりました」（キスリャク）[*6]

フリンの意向はキスリャク大使を通じてプーチン大統領に伝わった。この翌日、プーチンはオバマ政権に対して対抗措置は取らないと声明した。「トランプ新政権では対ロ外交は変化する」。プーチン大統領はそう期待したのである。

このフリンの動きにオバマは憤った。フリンは政権移行メンバーではあるが、形式的にはまだ民間人である。「一介の民間人が不埒《ふらち》にもロシア大使にコンタクトし（外交に関与し）、国益を害した」とするストーリーを作り上げ、フリンの安全保障担当補佐官就任を妨害すると決めた。

それが打ち合わされたのは、二〇一七年一月五日のことである。大統領は、オーバルオフィス（大統領執務室）に以下の面々をそろえた。

ジョー・バイデン副大統領
ジョン・ブレナンＣＩＡ長官
スーザン・ライス安全保障問題補佐官
ジェイムズ・コメイＦＢＩ長官
サリー・イエイツ司法省副長官
ジェイムズ・クラッパー国家情報長官

後のコメイＦＢＩ長官やイエイツ司法省副長官の証言で、オバマ大統領はフリン排除をこの日に明確にした（指示した）ことが明らかになった。

「この日の会議がいかなる性質のものだったかは、その後の動きで明らかになっていった。（政権の意を受けて）工作員と化した政府高官による、ロシアとトランプ大統領との間に大統領選挙を巡って共謀があったとする偽情報のメディアへのリークが始まった。そうすることで、次期安全保障問題補佐官（注：フリンのこと）を排除し、さらには次期司法省長官にはこの問題（捜査）に関わらせないようにする罠を仕掛けたのである。タイミングを見計らって、トランプにダメージを与え、彼を大統領から引きずり落とす。これが作戦の肝であった」

「オバマの指示で、ロシアに関わる情報は政権移行チームには隠された。新政権を誹謗《ひぼう》する情報のリークで政権移行作業はカオスとなった。まともな感覚を持つ有識者が新政権で働くことを怯《おび》えるようになった。トランプ外交へのスムースな移行は不可能になった[*7]」

実際は、オバマ政権の意向を受けてフリン退役中将の周辺をトランプ当選直後から探っていたFBIワシントン支局は、「RAZOR（FBIが盗聴ターゲットとなっていたフリンに付けたコードネーム）がロシア政府と何事かを共謀しているような事実はなかった。捜査を中止する」と会議の前日（一月四日）、本省（コメイ長官）に報告していたのである。それにもかかわらず、オバマ大統領はフリン排除の罠を仕掛けるよう指示した。

この問題については最終章で詳述する。

＊1：コーエンのツイート
https://twitter.com/EliotACohen/status/798512852931788800

＊2：『アメリカ民主党の崩壊２００１－２０２０』八四頁

＊3、7：Renee Parsons, The Obama-Flynn Connection, Global Research, June 02, 2020

＊4：前掲書、第3章　ヒラリー・クリントン機密漏洩問題の発覚

＊5：Los Angeles Times, December 29, 2016

＊6：Flynn, Kislyak transcripts of conversations during Trump transition, Fox News, May 29, 2020

＊7：Mollie Hemingway, Obama, Biden Oval Office Meeting On January 5 Was Key To Entire Anti-Trump Operation, The Federalist, May 8, 2020
https://thefederalist.com/2020/05/08/obama-biden-oval-office-meeting-on-january-5-was-key-to-entire-anti-trump-operation/

逆恨みしたネオコンの犠牲者

マイケル・フリン　その二

前節で、フリンがロシア大使（キスリャク）と交わした電話会議の内容を書いたが、これが国益を害する犯罪になるはずもないことは常識でわかる。ＦＢＩワシントン支局の捜査担当者もそう判断していた。次期政権で国家安全保障外交を担う人物が「米ロ関係がこれ以上悪化しないことを望む」と伝えたに過ぎなかった。

オバマ大統領の意を受けて、フリンを「嵌《は》める」ためのある奇策を提案したのが、ジョー・バイデン副大統領（当時）だった。彼は古臭いカビの生えた法律「ローガン法」の利用を口にした。二百年以上前（一七九九年）に成立した、民間人が外国政府と勝手な「外交」をすることを禁じる法律である。十九世紀初めに一度だけこの法律が適用されたケースがあったが、起訴には至っていない。政権の意に沿わない人物を容易に陥《おとしい》れることができるだけに、歴史的に「悪法」とみなされていた。だからこそ、誰もこの法律で裁かれることはなかったのである。

そうでありながら、バイデンはフリンがキスリャク大使と交わした会話をローガン法違反になると指摘した（バイデンはフリンの捜査には一切関わっていないと言い続けてきたが、秘密文書公開にともなって、自身の関与を否定できなくなった）[*1]。

ＦＢＩの現場担当者はワシントン支局の報告により、フリン捜査は中止になると考えていた。しかし、政権の意向で捜査継続となった。「七階の意向だ」。これが、その決定を現場に伝えたピーター・ストローク（防諜《ぼうちょう》担当副部長補）の言葉だった[*2]。七階には長官室がある。つまりコメイ長官、ひいては大統領直々の判断であることが示唆された。したがって、五日の会議はすでに決定されたフリン捜査継続を政権幹部に知らしめ、意思統一を図ることが目的だったのである。

一月十二日、ワシントンポスト紙がフリンとキスリャク大使の会話を唐突に報じた。同紙の編集方針はネオコン思想に合致しており、オーナーはアマゾン創業者ジェフ・ベゾスである（二〇一三年に二億五〇〇〇万ドルで買収）。トランプ大統領は「郵便公社（US Postal Service）の低料金を不当利用しているアマゾンには倍の料金を課すべきだ」（二〇一九年二月）[*3]と述べていることからわかるように、ベゾスはトランプ嫌いである。したがって、ワシントンポスト紙はオバマ政権の情報リークにとっては便利なメディアだった。

「政府高官によれば、フリンはキスリャク大使と電話会議をしている。彼の発言や（その後の）行動を見れば、対ロシア制裁を妨害しているのではないか」（ワシントンポスト紙）

このコラムを執筆したデイヴィッド・イグナチウスは、フリンの行為がローガン法に抵触していることまでも示唆した[*4]。政権からのリークがあったことがわかる。この報道をフリンが否定し

フリン退役中将追い落としに関与したアンドリュー・マッケイブFBI副長官
（任期：2016年2月〜2018年1月）

たことが、オバマ政権に幸いした。十四日、フリンはオバマ政権の対ロ制裁に関わる案件でロシア大使と協議した事実はないとペンス次期副大統領に伝え、次期政権幹部はテレビを通じてそのように説明した。

一月二十日、トランプ政権が発足した。ネオコン勢力が恐れていた通り、フリンは国家安全保障問題担当大統領補佐官に任命された。しかし「フリン追い落とし作戦」の準備は整っていた。二日後の二十二日、今度はウォール・ストリート・ジャーナル紙が、フリンは対ロシア防諜捜査の対象人物になっていると報じた。

二十三日、ピーター・ストロークとアンドリュー・マッケイブFBI副長官は、翌日にホワイトハウス内で予定されているフリンに対する聞き取り調査の方針を協議した。二人とも大のトランプ嫌い（ディープステイト）だった。二十四日、ストロークは部下一人を帯同し、ホワイトハウスウェストウィングにある補佐官執務室に入った。フリンは、自発的にFBIの聞き取りに応じたのである。当時、FBI防諜部門を担当していた長官補佐（Assistant Director）ビル・プリースタップは「この捜査の狙いは何なのだ？ 真実の追求なのか、それとも（フリンに）嘘をつかせることで起訴し解任させることが目的なのか？」[*5]とメモを残しているように、心あるものはこの捜査が尋常《じんじょう》でないことに気づいていた。

二人の捜査官が「期待」した通り、フリンは「嘘」をついてくれた。「キスリャク大使と対ロ制裁について協議したことはない、もししていたとしても、覚えていない」と答えてくれたのである。筆者はなぜフリンがこのような証言をしたのかよくわからない。先に書いたように、キスリャク大使と話し合ったことをそのまま証言していたとしても、大きな問題にはならなかった。犯罪性のない会話であったことは確かなのである。おそらくそうした会話はなかったとペンス副大統領に説明していたことで「嘘」をついたのであろう。いずれにせよ、ＦＢＩは旧政権（ネオコン勢力）を喜ばせる虚偽証言を手に入れることができた。ストロークらの尋問でそのように誘導された可能性もある。

一月二十四日、サリー・イエイツ司法省副長官（一月五日のオバマの開いたフリン追い落とし会議の出席者の一人）が、この情報をトランプ新政権の大統領上級顧問ドン・マックガンに伝えた。

「フリンはペンス副大統領に嘘をついた。彼はロシアに何かの弱みを握られている可能性がある。他にも疑いがあるが、機密上今は明かせない」

一月二十八日、フリン包囲網が着々と進行している中で、フリンが願うロシアとの関係改善の第一歩が始まった。この日、大統領執務室で初めてのトランプ・プーチン電話会談が実現したの

2016年1月28日、トランプ・プーチン電話会談(右端にフリン補佐官)

である。

二月九日、フリン追い落としの最後のパンチが放たれた。ワシントンポスト紙が「フリンが対ロ制裁案件について、ロシア大使と協議した。本人はこのことを断定的に否定していた(嘘をついていた)」と報じたのである。ワシントンポスト紙の動きは、明らかにFBIからのリーク情報をベースにし、「フリンは上司に嘘をつく危険な人物である」と印象付けるものであった。フリンが辞表を提出したのは、四日後の二月十三日のことである。「嘘」によってペンス副大統領に迷惑をかけた。これが辞任の理由だった。

FBIのやり方は「プロセス犯罪の創造」という、被疑者を有罪に陥れる典型的な(悪質な)捜査手法だった。彼らは、盗聴によってフリンとロシア大使の会話内容を知っていた。それが違法となるような内容でないことも知っていた。そうでありながらフリンを尋問し、嘘をつかせることに成功した。この嘘によって、フリンのロシア大使と交わした会談が違法に変化することはない。無罪の人間を取り調べ、その過程（プロセス）で嘘をつかせたり、公務執行妨害などを誘い出して犯罪人に仕立てる。これが「プロセス犯罪」である。いずれにせよ、こうしてネオコンの天敵フリンは、大統領安全保障担当補佐官の地位からわずか三週間ほどで追い落とされたのである。

＊1、2：Mail online, Unsealed documents suggest Joe Biden 'personally raised the idea' of investigating Michael Flynn over his ties to Russia, June 24, 2020

＊3：Mail online, Trump's foe Jeff Bezos has made more money than anyone since he became President, February 4, 2019

＊4：Kimberley Strassel, Resistance at All Costs, Twelve, 2019, p69

＊5：John Davidson, 'Obamagate' Isn't A Conspiracy Theory, It's The Biggest Political Scandal Of Our Time, thr Federalist, May 13, 2020

好転した米ロ関係

ロシアはフリン辞任の背後にネオコンの暗躍があることを知っていた。「彼（フリン）の辞任の裏には、ロシア嫌い（Russiaphobia）の連中（注：ネオコン）がいる」とロシア議会の有力人物が述べていることから、それがわかる。*1

ネオコンはフリンを政権中枢から排除することには成功した。しかし、彼の残した対ロ協調外交思想までをホワイトハウスから消すことはできなかった。トランプ大統領が、フリンとセルゲイ・キスリャク大使の交わした会話の内容を正確に知らされていたら、フリンを辞任させなかったに違いない（フリンのその後については後述）。トランプはフリンの考え方をしっかりと理解（了解）していた。フリンは閣内から去ったが、対ロ協調外交思想を残していた。

当時、中東では、ネオコンによるレジームチェンジ政策の最後のターゲットとなっていたシリアが荒れていた。トランプ大統領はアサド政権のレジームチェンジを図るよりも、「中東全体の安定」を重視した。言い換えれば、「不安定な民主主義体制よりも『穏やかな専制体制』のほうがベター」とする外交に切り替えたのである。この考えに合理性があることは、「民主化」されたはずのリビアが呆《あき》れるほどの混乱をみせたことでわかる。

二〇一七年四月七日、シリア近海に展開する米海軍艦船（ミサイル駆逐艦ロス、同ポーター）から、六〇発の巡航ミサイルが発射された。目標はイラクのシャイラト空軍基地であった。アサド政権が反政府活動鎮圧に化学兵器を使用したとされる事件への制裁と説明された。米国によるアサド政権への初めての直接軍事行動であった。この攻撃による正確な死者数はわからないが、わずか一五名、空軍基地へのダメージも少なかった。*2 筆者は、この攻撃前にシリアにロシアを通じて事前通知があったと考えている。

ミサイル攻撃は米ロ関係を「表面上」は緊張させ、ネオコンを喜ばせた。しかし、五月二日には早くもトランプ・プーチン電話会談が行なわれた。会談後、ホワイトハウスは声明を発表した。「トランプ大統領とプーチン大統領は、『シリア内戦による苦しみはあまりに長い。この内戦に関わる全ての者がこの事態を収束させるためにあらゆる可能性を探る』ことで合意した。会談は極めて建設的（very good conversation）であった。永続的和平を実現するための緩衝ゾーンの設置についても協議された。米国はシリア内戦終結のために、アスタナ（カザキスタンの首都：現ヌルスルタン）に（ロシアとの協議のための）特使を遣《や》ることを決めた」

「両大統領は、米ロ協力の可能性についても協議した。中東全域からテロリズムを排除するためである。あわせて北朝鮮の危ない状況の解決についても話し合われた（注：二〇一七年四月は北朝鮮の弾道ミサイル実験が続いていた）」[*3]

トランプ大統領は「フリンドクトリン」（対ロ協調による緊張緩和および中国警戒外交：筆者の命名）を実行に移したのである。クレムリンもホワイトハウス情報にシンクロするように、両大統領の直接会談がG20サミット（七月七、八日：ドイツ・ハンブルグ）の場を利用して行なわれる可能性に言及した。[*4] 米ロの歩み寄り（ネオコン外交の否定）はこうして始まった。

対ロ協調外交は、八年にわたるネオコン的オバマ外交を真っ向から否定するだけに、民主党（旧オバマ政権）には、気分の悪い展開だった。民主党全国委員会広報副部長アドリエンヌ・ワトソンは次のようにコメントした。

「トランプのプーチン愛（bromance）は元に戻ったようだ（注：民主党はトランプの巡航ミサイルによるシリア直接攻撃と、それによる米ロの緊張を喜んでいた。それだけに緊張緩和が許せなかった）。残虐なアサド政権を支援するロシアに対しては厳しいメッセージを送り続けるべきである。それにもかかわらず、トランプ大統領は対ロ宥和《ゆうわ》に舵を切った」[*5]

ワトソンは、トランプ・プーチン両大統領の関係を「ブロマンス（bromance）」と表現した。この言葉は「不適切な男性間の親友関係」を示唆する嫌味たっぷりな言葉だった。

トランプ政権で登用された幹部にもネオコン思想（対ロ強硬外交）に馴染《なじ》んでいるものがいた。その典型がレックス・ティラーソン国務長官[*6]と米国連大使ニッキー・ヘイリー[*7]だった。二人とも、プーチンとの関係改善の道を探るトランプ大統領には批判的だった。

2017年7月25日にヘイリー大使のツイッターに上げられたジョン・ボルトン（ネオコン）とのツーショット写真[9]

トランプは、彼自身が登用した政権幹部の多くが度し難いほどにネオコン思想に侵《おか》されていることに気づくことになる。しかし彼は、自身の信念を旧来思想の外交専門家（ネオコン）の意見で枉《ま》げはしなかった。意見は聞くが、最終判断は大統領がする。ボスの考えに従わない部下は首にすればよい。ビジネスマンらしいさっぱりとした「人事観」があった。

ティラーソン国務長官は、シリア駐留米軍の撤退（削減）に反対し、解任された（二〇一八年三月三十一日）。彼は解任前、次のようにスピーチしていた。

「シリアにおいてはわが軍と外交団の強力なプレゼンスを維持しなくてはならない。国内紛争を解決するためにはシリアの人々（注：反政府グループを指す）を支援する必要がある。彼らこそがシリアの将来を決める海図を作れるのである」（二〇一八年一月十七日、スタンフォード大学[8]）

ヘイリー国連大使が辞任したのも、大統領の考えを対国連外交に反映できなかったからであり、実質的解任であった（二〇一八年十二月三十一日）。彼女には、「戦争好きの最低の国連大使[10]」と反ネオコン論者からの批判が集中していた（ただし、彼女は二〇二〇年八月の共和党大会でトランプ支持を表明するスピーチを行なった）。

ネオコン勢力は、トランプ政権に登用された仲間の「活躍」に期待していた。彼らは天敵フリン退役中将の排除に成功しただけに、トランプ大統領の外交に影響力を維持できると考えた。しかし、上記の二人の例でもわかるように、ネオコン思想の幹部は次第に「淘汰《とうた》」された。メディアは、「閣内不一致」が目立つ不安定な政権だとトランプ大統領を批判した。しかし実際は、政権内部から不安定ファクターであるネオコン勢力をゆっくりと排除する正常なプロセスだった。ジョッキーの捌《さば》きに従わない「馬」は厩舎《きゅうしゃ》に戻されたのである。

＊1：CBS News, February 14, 2017
https://www.cbsnews.com/news/flynn-resigns-mar-a-lago-cbs-news-brief-feb-14-2017/

＊2：RT, April 8, 2017
https://www.rt.com/news/383999-syria-us-attack-victim-relative/

＊3、4：The Guardian, May 2, 2017
https://www.theguardian.com/us-news/2017/may/02/donald-trump-vladimir-putin-conversation-syria-civil-war

＊5：DNC on Putin Call: Trump's Strategy is Appeasement, 米民主党広報ＨＰ, May 2, 2017 https://democrats.org/news/dnc-on-putin-call-trumps-strategy-is-appeasement/#:~:text=DNC%20Deputy%20Communications%20Director%20Adrienne%20Watson%20released%20this,cast%20doubt%20on%20whether%20Russia%20attacked%20our%20democracy.

＊6、8：ティラーソンをネオコンとする論文例：
Michael S. Rozeff, Rex Tillerson: neocon, Strategic Culture Foundation, February 2, 2018
https://www.strategic-culture.org/news/2018/02/02/rex-tillerson-neocon/

＊7、9：ヘイリーをネオコンとする論文例：
Riley Waggaman, Nikki Haley Seeks Ancient Neocon Wisdom From Democratic Walrus Moustache Jhon Bolton, Russia Insider, July 26, 2017
https://russia-insider.com/en/politics/nikki-haley-seeks-ancient-neocon-wisdom-demonic-walrus-moustache-john-bolton/ri20484

＊10：Nikki Haley-Warmonger Extraordinaire, Acting Man, July 5, 2017
https://acting-man.com/?p=49748

成功する対ロ協調外交

シリアの安定とタリバン（アフガニスタン）との停戦協定

二〇二一年に入っても、シリアからの米軍の撤退は終わっていない。同地に入っているロシア軍との小競り合いもある。そもそも、米軍のシリア派遣はオバマ政権によって始まったものだった（二〇一五年十月）。ＩＳＩＳとの戦いのためであると説明された。『アメリカ民主党の崩壊2001－2020』にも書いたが、ＩＳＩＳへの武器供与にＣＩＡが関与している可能性が高かった。ＩＳＩＳを動かすことでシリアへの派兵を正当化していた可能性もあり、典型的な「マッチポンプ外交」が疑われた。それがオバマ（ヒラリー）外交であった。

トランプ政権はＩＳＩＳへの「裏」支援を止めた。二〇一七年末にはＩＳＩＳはほぼ壊滅し、二〇一九年三月にはＩＳＩＳ最後の拠点であるバグズ（Baghuz）が落ちた。米軍派遣の当初の目的からすれば、これで米軍駐留の根拠が消えた。そうでありながら主要メディアには、シリア駐留継続を求める論考が踊り、トランプ大統領も完全撤退を実現できていない。筆者は、再選を実現できていればトランプ大統領は、シリアを完全にロシアに任せる（責任をもって管理させる）外交へ切り替えただろうと思っている。

「シリアからの撤退は、わが国の弱みを敵に見せるものだとして反対するものがいるが、それは違う。むしろ撤退こそが賢明でわが国益に適うものである。トランプ大統領はかつて孫子の言葉を言い換えて『全方面を防衛しようとすれば、一カ所も防衛できない』とツイートしたことがある。大統領には、『戦う必要のない戦いに敗れるリスクを犯してはならない』という格言も考慮して、シリアからの全面撤退を実現してほしい」（ダニエル・デイヴィス：退役陸軍中佐）[*1]

米・タリバン合意調印式（2020年2月29日、ドーハ）

トランプ大統領の外交を考える上で、対シリア外交は重要であるが、対アフガニスタン外交も重要である。ここでも彼の非干渉主義的外交思想が如実《にょじつ》に表れている。

日本ではほとんど報道されていないが、二〇二〇年二月二十九日、十四カ月以内の米軍の完全撤退を実現するための合意が、米国とタリバンとの間でなされた。米国のおよそ二十年にもわたるアフガン内戦への関与を終わらせる画期的な内容であった。アフガニスタン国内でいがみ合う勢力の話し合いを促す内容も盛り込まれていた。

十八カ月の長い長い交渉の末の合意だった。交渉実務には、ザルメイ・ハリルザド（元米国連大使、元アフガニスタン大使）とタリバン指導者アブドゥル・バラダールがあたったが、ドーハでの調印式にはマイク・ポンペオ国務長官も出席した。

ハリルザドは、ネオコンが設立したシンクタンク「アメリカ新世紀プロジェクト」のメンバーであるだけにネオコンに分類される人物である。トランプ大統領の人事に特徴的にみられるのは、ネオコンであっても、大統領の意向に沿ってその専門知識や経験を生かすのであれば、任用するという態度である。ネオコン思想に凝《こ》り固まっていた人物でも、考えを修正するのであれば重用される。

タリバン指導者アブドゥル・バラダールは、カラチ（パキスタン）に潜《ひそ》んでいたが、そのアジトを襲われて拘束された（二〇一〇年二月）。パキスタン政府に圧力をかけ、バラダールを解放させたのはトランプ政権であった（二〇一八年十月）。トランプ大統領は、早い時期からアフガニスタンからの撤退に向けて布石を打っていた。主たる合意は、以下の四点である。

一　反米組織がアフガニスタンを（訓練や攻撃基地として）利用することを許さない。
二　外国勢力がアフガニスタンから撤退する条件等を詰めたうえで、タイムスケジュールを明確化する。
三　タリバン（米国はタリバンをアフガニスタンを代表する組織として正式には承認していない）は、カブール政府との交渉を開始する。
四　タリバン・カブール政府の交渉は、内戦の恒久的停止が目的である。*2

この交渉で、米国のアフガニスタンからの撤退の意向は明確に示されていた。調印後十四カ月以内の完全撤退を目指し、最初の百三十五日の間に、米軍を八六〇〇人規模に縮小すること、同盟国の兵力も米国同様の比率で削減させること、米軍が設けたアフガニスタン国内の五つの基地を閉鎖することも決まった。アフガニスタン駐留部隊の撤退（縮小）計画は順調に進んでいるようである。二〇二〇年八月九日にはマーク・エスパー国防長官が、十一月末日までに駐留兵力を五〇〇〇人以下にしたいと語っていたことから、それは明らかである。[*3]

アフガニスタン政府もタリバンも内戦終結のための交渉を続けているが、長い長い憎しみの歴史を簡単にはぬぐい切れない。アフガニスタンの恒久的和平の実現にはまだ紆余曲折《うよきよくせつ》があるだろうが、トランプ大統領が再選されていれば、再びレジームチェンジを厭《いと》わない強引なネオコン外交へのぶり返しの危険は消えていた。米国が干渉主義を捨てたことにより、内戦当事者の疑心暗鬼が払拭《ふつしよく》され、現実主義的な落としどころの探り合いが本格化すると思われていたのである。

バイデン政権は対アフガニスタン外交ではトランプ外交の継承を決めたかのように本年（二〇二一年）九月十一日までの完全撤退を表明した（四月十四日）。しかし民主党の「広報機関」CNNは、直ちにこの決定を批判した。[*4] 記事の趣旨はタリバンを信用するなというものである。記事の見立てに沿うように、九月十一日までに、タリバンと政府軍との衝突（あるいはタリバンによる米軍攻撃）が起き、撤退決定が覆されることはあり得る。杞憂に終わることを願うが、今後の展開には十分な警戒が必要である。ネオコンの巣窟であるＣＩＡこそがタリバンを育てたと疑われているからである。

シリア情勢もバイデン外交で再び流動化している。二〇二一年三月半ば、シリア北部での米軍の増強が報道された。[*5] バイデン政権でのネオコンの動きには目が離せない。

＊1：Daniel L.Davis, Pull US troops out of Syria, Record-Courier, September 2, 2020
https://www.record-courier.com/story/opinion/columns/2020/09/02/commentary-pull-us-troops-out-syria/5680233002/

＊2：What does the Taliban-US agreement say?, Aljazeera, February 29, 2020
https://www.aljazeera.com/news/2020/02/taliban-peace-agreement-200229134403285.html

＊3：Kunal Gaurav, Republicworld, August 09, 2020
https://www.republicworld.com/world-news/us-news/us-will-cut-troop-levels-in-afghanistan-to-less-than-5000.html

＊4：David A. Andelman, Biden is making a major mistake on Afghanistan, CNN, April 14, 2021
https://www.cnn.com/2021/04/13/opinions/biden-major-mistake-afghanistan-andelman/index.html

＊5：Unusual movements：US forces bring in reinforcement to military base near border triangle of Syria-Turkey-Iraq in northern Al-Hasakah（January 26, 2021）

ジョン・ボルトン
ネオコン思想を変えられなかった男

ジョン・ボルトンは、米国外交を干渉主義に捻《ね》じ曲げたネオコンの主役の一人だと見なされ、反ネオコン論者からは蛇蝎《だかつ》のごとく嫌われていた。ボルトンの外交の基本姿勢は、一九五〇年代の国務長官ジョン・ダレス（アイゼンハワー政権）が行なった「共産主義国家囲い込み政策」と同様で、米国の意に沿わない国に対しては、軍事力を行使したレジームチェンジも厭わないというものである。*1 トランプの非干渉主義思想と馴染むはずのないボルトンが、国家安全保障問題担当大統領補佐官に登用されたのは、二〇一八年四月のことである。多くのトランプ支持者は大統領の真意をはかりかねた。

「ボルトンが指名されたことで、政権内に残る隠れネオコンが本性を現す。そうした連中を一網打尽にして、ボルトンもろとも首にする。それがトランプの狙いではないか」

「ボルトンの任用で、依然として影響力を残すネオコンの牙を抜けないにしても、牙先を削って丸めることぐらいはできる。ネオコン連中の反発緩和が狙いだろう」

「いずれにせよボルトンは一年程度で御用済みになるだろう」[*2]

ボルトンは、反ネオコン論者の期待に反して長い間その任にあったが、結局十七カ月で解任された（二〇一九年九月十日）。彼はネオコン的タカ派外交を政権内で主張し続けた。しかし、トランプ大統領は彼の意見を聞きはしたが、実行には移さなかった。

トランプ大統領のボルトン解任の最終判断には、前節で書いた、アフガニスタンからの撤兵問題が絡んでいた。大統領は、タリバン指導者との直接会談を考えていた。それに断固反対したのがボルトンだった。タリバンの指導者は、トランプ大統領が米軍完全撤退を真摯《しんし》に模索していることは感じていたようである。しかし、二十年にもわたる戦いの（憎しみの）歴史があり、トランプ政権にはそうした強硬外交をリードしてきたボルトンが安全保障問題担当補佐官に陣取っている。簡単には警戒を解けなかった。だからこそ、彼らもトランプ大統領の真意を探るために直接会談を望んだ。トランプはそれに応えたかったが、ボルトンが反対した。

トランプ大統領は、タリバンの代表に米国・タリバンの直接交渉を嫌うアフガニスタン大統領アシュラフ・ガニーを加えた三者首脳会談を計画し、米軍完全撤退の環境を整備させたかった。会談場所にはキャンプデイヴィッドが予定されていた。二〇一九年九月八日、トランプ大統領はこの構想のキャンセルを発表した。[*3] この三日前に起きたタリバンによる爆弾テロがキャンセルの原因だと説明した。カブール市内で自動車に隠された爆弾が爆発し、死者一二名が出た事件である。

しかし、会談キャンセルの真の理由は、ボルトンがあくまで直接会談反対の考えを変えようとしなかったからだった。ボルトンのような「外交の専門家」には、「実務官僚がまずシナリオを作ることが大事で、首脳はそれに沿って直接会談に臨むべきだ」という固定観念が抜けない。トランプ大統領は従来型の外交プロセスを踏襲しない。自身が直接交渉に臨み、落としどころを徹底的に探る。その交渉で成果が出なくても構わない。また次の機会を探ればよいと考える。ボルトンが仕えてきた大統領や政権幹部は彼のお膳立てに乗って「踊って」くれた。しかし、トランプ大統領は「部下の意見は聞くが最後は上司の判断に従うべき。そうでなければ解雇（解任）する」というビジネスマンスタイルを取る。

トランプ大統領とボルトンの上記三者首脳会議を巡る具体的なやり取りは不明だが、相当に激しい意見の対立があったことは間違いない。大統領は、会談キャンセル発表の二日後、次のようにツイートし、彼の解任を発表した。

「昨夜、ジョン・ボルトンに辞任を求めた（解任の意）。彼の意見の多くに私は首肯《しゅこう》できなかった。私の政権内部の幹部も同じ気持ちであった。彼は今朝、辞任を私に伝えてきた。後任の補佐官は来週発表する」（二〇一九年九月十日付トランプ大統領ツイート*4）

トランプ大統領は、危ない核開発を進める二つの国（イラン、北朝鮮）の指導者との直接会談にも積極的である。これにもボルトンは反対だった。イラン、北朝鮮の首脳もボルトンを嫌う。その理由は、彼が両国の核開発施設への直接攻撃を主張し続けてきたネオコンであるからだった。それに加えて彼は、米国の対リビア外交（カッザーフィー政権のレジームチェンジを実現）を成功だったと公言するからである。イラン・北朝鮮両首脳は、カッザーフィーの末路を知っている。レジームチェンジを狙う国との会談には応じられないと頑《かたく》なになるのは当然である。

トランプ大統領は、ボルトン辞任後の記者会見で次のように述べた（九月十一日）。

「ジョン・ボルトンが（北朝鮮交渉に）対リビア外交をモデルにすると主張した時に対北朝鮮交渉が躓《つまず》いた。カッザーフィーの末路（とその後の混乱）を見れば、対リビア外交が失敗だったことは明らかだ。そうであるにもかかわらず、彼（ボルトン）は対リビア外交をモデルにして金正恩と交渉すべきだというのである。これを聞いた金正恩は、ジョン・ボルトンとは一切関わりたくないとの思いを持ったようだが、金正恩がそう考えるのはよくわかる。ボルトンの主張は『強硬外交』といった代物ではなく、たんなる『愚かな外交』に過ぎない」

「『君は政権内でうまくやれていない。私を含む多くが君のやり方あるいは考え方をよしとしていない。君には辞表を出してもらいたい』。これが私が彼に伝えた言葉だ。彼には（違うところでの）今後の活躍を期待している」*5

トランプ大統領は解任ではなく辞任とさせる温情を見せた。今後の活躍を期待するとも述べた。しかし、ボルトンは大人ではなかった。政府高官としての倫理上、けっしてしてはならない「暴露本」（"The Room Where It Happened" 二〇二〇年六月二十三日発売）を出版した。印税二〇〇万ドル（推定）の前払いを受けたと報道されているだけに、出版社（Simon & Schuster）も売れ行きに相当な自信があったことがわかる。トランプ政権は国家機密の暴露を理由に出版差し止め請求訴訟を起こしたが、裁判所は認めなかった。その理由はすでに大部数の出版準備が終わっていて出荷を待つばかりという状況を、やや被告側（ボルトン）に有利に考慮しただけであり、内容が国家機密を含んでいないと判断したわけではない。

出版差し止め請求を棄却したワシントンＤＣ地裁（ロイス・ランバース判事）の最終判断は次のようなものだった。

「被告ボルトンは、米国の国家安全保障上の判断で、ギャンブル的行動を取った。彼は国に（潜在的な）損害を与えた可能性があり、自身を民事上の責任を負う可能性のある立場に追い込んだ。場合によっては刑事上の責任もあり得る。こうした可能性は確かにあるものの、原告である国は、この本の出版が国家に取り返しのつかないほどの損害を与えるという主張の立件はできていない。したがって、原告の請求（出版差し止め請求）は棄却する[*6]」

多額の印税を手にしたボルトンだが、判事も述べているように将来的責任を免れたわけではない。彼のような立場にいた人物が回顧録などを出版する場合、原稿を事前に政府に提出し、国家機密への抵触の有無の確認を求めなくてはならない。ボルトンは二〇一九年十二月、国家安全保障委員会（ＮＳＣ：National Security Council）に確認を求めていたが、同委員会からは出版を了解する正式書面は届いていなかった。それにもかかわらず、出版に踏み切ったのである。

ボルトンは、何が国家機密にあたるのかの判断を自ら行なったことになる。だからこそ、ランバース判事は、出版差し止め請求を認めはしなかったものの、機密漏洩《ろうえい》の責任問題は残ることを

米朝板門店会談（2019年6月30日）

示唆したのである。こうしたケースに詳しいマーク・ザイド弁護士は、「刑事責任についてはおそらく免れることはできようが、国家機密の暴露（彼が職務上得た情報は国家財産）によって得た印税の返還（国庫納入）を求められたら、政府の主張が認められる可能性が高い」と語っている。[*7] ボルトンが政府の要職に今後就くことは常識的には期待できない。上司の指示を聞かず、国家機密を安易に公表する人物を採用することは危険である。

トランプ大統領の対北朝鮮外交は道半ばで終わった。トランプ大統領はシンガポールでの直接会談（二〇一八年六月十二日）以来、金正恩を交渉可能な人物だと認めている。金正恩にとってもレジームチェンジを求めず、直接交渉にも応じるトランプ大統領は大事な「財産」であった。バイデンがいかに金正恩と対峙・交渉するか全くの未知数である。

トランプ外交は、北朝鮮のレジームチェンジまでを望む勢力にはもの足りない交渉であったかもしれない。米国の伝統的非干渉主義は、「他国の政体はその国民が決めること、民主化を求める声が自発的に上がってくれれば支援する」という態度である。トランプ大統領の対北朝鮮外交、あるいは対イラン外交もこの伝統に沿って進んでいた。

トランプ・金正恩会談は、ハノイ（二〇一九年二月二十七、二十八日）、板門店（二〇一九年六月三十日）と続いた。日本の識者（トランプ嫌い）の中には、板門店会談を唐突で思慮の浅い会談で首脳会談とは言えないというものがいるが、木を見て森を見ない発言である。この時、北朝鮮にはボルトンはいなかった。彼は、この日、あまり重要ではないモンゴルとの交渉に出向いていた。ボルトンを板門店に帯同すれば、「首脳会談」は困難になることをトランプ大統領はわかっていた。この頃から、ボルトン解任は視野に入っていた。[*8] 米朝板門店会談は、明らかに両首脳間であらかじめ打ち合わせができていたのである。

＊1：Wayne Madsen, Neocon Specter of John Bolton Looms Over Trump White House, Global Research, March 16, 2018
https://www.globalresearch.ca/neocon-specter-of-john-bolton-looms-over-trump-white-house/5632383

＊2：Charles Hugh Smith, Who is John Bolton And Why Did President Trump Appoint Him National Security Adviser?,Silver Doctors, March 27, 2018
https://www.silverdoctors.com/headlines/world-news/who-is-john-bolton-and-why-did-president-trump-appoint-him-national-security-advisor/

＊3：Julian Borger, Trump declares US-Taliban talks dead after cancelling Camp

David meeting, The Guardian, September 09, 2019
https://www.theguardian.com/world/2019/sep/09/taliban-trump-afghanistan-us-talks-election-violence

＊4：二〇一九年九月十日付トランプ大統領ツイート（現在ツイッター社により削除されている）

＊5：二〇一九年九月十一日大統領記者会見（現在バイデン政権により削除されている）

＊6：ワシントン地裁判決文（二〇二〇年六月二十日）
https://pacer-documents.s3.amazonaws.com/36/219024/04517891261.pdf

＊7：Mark Moore, Trump calls John Bolton a 'jerk,' blasts Kim Jong Un account, New York Post, September 7, 2020

＊8：'Banished to Mongolia'? Bolton's absence from Trump-Kim meeting fuels firing rumors...again, RT, Jun 30, 2019
https://www.rt.com/usa/463083-bolton-banished-mongolia-kim-trump/

第3章
中国への怒り

知的財産の収奪は中国の伝統

世界で初めての共産主義国家となったソビエトが、第一次五カ年計画を発表したのは一九二八年のことである。ヨシフ・スターリンは、この計画実現のために多くの米国人アドバイザーを招《しょう》聘《へい》した。その数は一七〇〇人にも上った。その結果、五カ年計画はそれなりの成果を生んだ。

五カ年計画発表の一年前（一九二七年）には、米国技術情報獲得のための小委員会を設置していた。委員会は、米国人技術者の呼び込みだけではなく、最優秀の若者を米国に派遣し、米国の最新技術を学ばせることにした。その第一陣七五名がニューヨークに入ったのは、一九三一年夏のことである。[*1] 送り込んだ学生の専門分野は、都市工学、鉱業、建築、造船など多岐にわたったが、スターリンが最も重視したのが航空工学であった。次の大戦があれば航空戦力の多寡《たか》が雌《し》雄《ゆう》を決することはわかっていた。七五人の中の一人にNKVD（ソビエト内務人民委員部）プロパーのスパイであるスタニスラフ・シュモフスキ（航空工学）がいた。

シュモフスキは、当時米国で最先端の航空工学研究を進めていたマサチューセッツ工科大学（M

IT）で学んだ。新型航空機開発には風洞実験設備が欠かせなかったが、MITは最も進んだ設備を備えていた。彼は、MITでの研究を通じて米国航空産業との人脈を作り上げ、企業機密にもアクセスできた。彼の収集した情報はマイクロフィルム化され、ソビエトスパイ網によってモスクワに運ばれた。一九三三年十一月には、フランクリン・デラノ・ルーズベルト大統領（FDR：民主党）が、ソビエトを国家承認したことから、シュモフスキのスパイ活動は格段にスムーズになった。盗み出した情報は、ソビエト大使館の外交パウチ（外交行嚢《がいこうこうのう》）を使って運び出すことが可能になった。

ソビエトが、新型航空機開発だけでなく、核兵器開発（マンハッタン計画）情報も、スパイ網を使って収集していたことはよく知られている。第二次世界大戦後、たちまち米ソの冷戦が始まったが、ソビエトが米国軍事力に対峙できる能力を短期間で獲得できたのは、FDR政権の野放図な対ソビエト外交があったからである。

開発途上国が、先進国の仲間入りを狙うとすれば、上記の例で明らかなように、米国の最先端技術を盗み出すのが手っ取り早い。中国のミサイル開発もソビエトのスパイ活動に倣《なら》ったものだった。米国技術の盗み出しに関与したのは銭学森（一九一一年杭州生）である。上海交通大学で機械工学を学び、一九三五年、米国の義和団事件奨学金を利用してMITに留学した。米国は、北京で起きた義和団事件（一九〇〇年）後に清国から得た賠償金で、清国の若者の教育に充《あ》てる奨学金を創設していた。*2

銭学森（1911〜2009年）

銭は一年後、ＭＩＴでマスター位を取得するとカリフォルニア工科大学（Caltech：パサデナ）に移った。同大学ではジェット推進研究所設立（一九四三年）に関わり、ナチスドイツが敗れるとドイツのロケット科学者を尋問するなど、軍のロケット開発にも関与した。戦後は再びＭＩＴに戻り、ロケット工学を教えた（一九四六年から四九年）。この間に中国に戻り、伴侶を得た。

銭はCaltech時代の同僚シドニー・ワイズマンに思想的影響を受けた。ワイズマン（ロシア系ユダヤ人）は航空工学の専門家で、ジェット推進研究所で働いていた。彼は隠れ共産主義者だった。一九五〇年、銭は共産化していた中国（中華人民共和国、一九四九年建国）への機密情報漏洩で逮捕された。二週間の収監後、自宅監禁となった。

一九五四年、米国政府は当時中国で捕虜となっていた一二人の米国人の解放交渉に臨んだ。彼らは朝鮮戦争で撃墜されたパイロットらだった。米国は、捕虜交換要員に自宅監禁が続いていた銭を使うことを決めた（ジュネーブ秘密協定）。一九五五年九月十七日、銭夫婦はアメリカ生まれの二人の子を連れ、香港経由で母国に帰っていった。[*3] この年、毛沢東は核兵器開発を決断した。取り戻した銭に、弾道弾開発を託した。中国はその後、東風（大陸間弾道ミサイル）あるいは長征（人工衛星打ち上げミサイル）の開発に成功したが、銭の貢献によるものである。銭は二〇〇九年に亡くなった。ダン・キンボール（米海軍長官：一九五一～五三年）は、「銭を中国に送還したことは、わが国最大の愚かな失敗だった」と嘆いた。[*4]

米国で学ぶ中国人留学生の増加

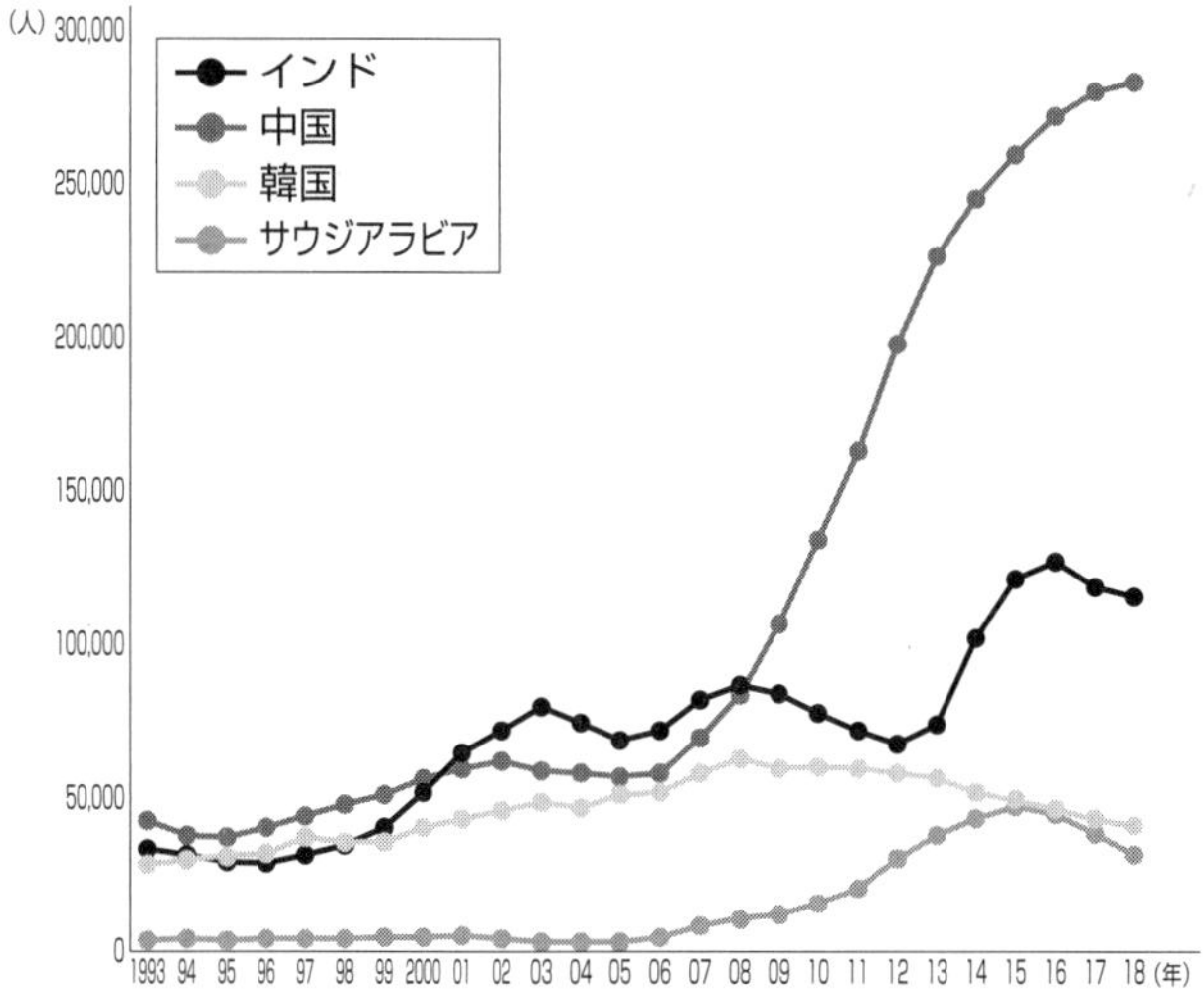

中国の共産化は米国の愚かなアジア外交の末路だった。当初は激しく共産中国に対峙したが、時の経過とともに警戒感は薄れた。両国関係は、ニクソン訪中（一九七二年二月）以来雪解けムードに入り、カーター政権では国交正常化となった（一九七九年）。科学技術開発に大きく後れを取っていた中国は、再び、伝統的な米国技術盗み出しを開始した。国交正常化から三年間で中国が米国に送り出した留学生の数は、およそ一万人にも及ぶ。彼らを使った軍事機

密、企業機密の盗み出しに危機感を抱いたワシントン議会が経済スパイ法（Economic Espionage Act）を成立させたのは、一九九六年のことである。

しかし、ワシントン政府はその後も中国「性善」説を取った。中国の世界貿易機関（WTO）参加（二〇〇一年十二月）を後押しした（ジョージ・W・ブッシュ政権）のも、米国の愚かなる「中国への信頼」によるものだった。米国の期待（中国は経済成長とともに民主化する）は簡単に裏切られた。逆にスパイ行為に拍車がかかり、共産主義体制は強化されることになった。米国に向かう中国人留学生はWTO加盟を契機に一気に増加し、二〇一二年にはおよそ二〇万、二〇一八年には三〇万に迫る勢いであった。第二位のインド人留学生数はこの半分以下である。[*5]

＊1：この時期のソビエトのスパイ活動については月刊誌『Voice』（平成三十一年二、三月号）「ルーズベルトのソビエト国家承認の愚」に書いた。

＊2：銭学森の生い立ちは以下のサイトによった。
Deyana Goh, the life of Qian Xuesen, father of China's space programme, Spacetexh, August 23, 2017
https://www.spacetechasia.com/qian-xuesen-father-of-the-chinese-space-programme/

＊3：Oliver Brayan, Qian Xuesen, History Thrill, April 2, 2020 https://www.histhrill.com/qian-xuesen-tsien-hsue-shen-191-1-2009/

＊4：Alexander Holt, A brief history of US-China espionage entanglement, MIT Technology Review, September 3, 2020
https://www.technologyreview.com/2020/09/03/1007609/trade-secrets-china-us-espionage-timeline/

＊5：Trade Liberalization and Chinese Students in US Higher Education, April 28, 2020, p33
http://kevinyshih.weebly.com/uploads/5/5/8/7/5587146/kswxy_2020april_alt.pdf

中国マネーに屈する学者たち

送り込む学生の数が増えれば、学費収入を期待する大学当局は中国に甘くなる。その「甘さ」を一層加速しようと、中国政府は、米国の大学に多額の寄付を実行した。ブルームバーグの調査によれば、そうした寄付は全米一一五の大学に及んでいる。直近六年半（二〇一三〜二〇一九年）の期間に、中国からの寄付を最も受けた大学はハーバード大学であった（九三七〇万ドル）[*1]。これに南カリフォルニア大学、ペンシルバニア大学が続く。第四位のスタンフォード大学も五八〇〇万ドルの寄付を受けていた[*2]。

こうした寄付行為は中国政府が始めた「千人計画」の一環でもあった。千人計画は中国が二〇〇八年に始めた。世界中の最高レベルの科学者を招き、中国の科学技術発展に貢献させることが目的だった。外国で学ぶ中国人学者を本国に引き戻す狙いもあった。米

中国千人計画のロゴ（2008年開始）

国、英国、ドイツ、シンガポール、カナダ、日本、フランスあるいは豪州などの学者がターゲットとなった。言い換えれば、こうした学者を利用して合法、非合法を問わない手段で知的財産を収奪するのである。二〇五〇年には中国が世界の科学技術開発のリーダーになるという中国共産党の野望がある。千人計画はそれを実現する手段である。

敵の成果を盗むことは、自ら開発するより「経済的」な方法である。二〇〇八年の千人計画開始から、二〇一六年までにリクルートされた科学者の総数は六万に上る。その「成果」は二〇一九年の世界特許申請数に現れた。中国の申請数（五八九九〇件）が、米国のそれ（五七八四〇件）を初めて上回ったのである。*3 中国政府は、科学者の特許申請および企業化を支援する見返りに、その使用権を獲得する。その中には軍事転用される技術も多い。

中国は世界各地に六〇〇カ所の採用拠点を構築した。米国には一四七、ドイツと豪州には各五七、英国、カナダ、日本、フランスには各およそ四〇の拠点ができている。中国政府と契約を結んだリクルート会社には、採用一人当たり三万ドルが支払われるだけでなく、報奨金も用意された。リクルート会社は研究者の所属する組織を素通りして、研究者個人と契約するやり方を取る。彼らはその職場を離れる義務を負わない契約も多く、その場合、給料の二重取りが可能になる。*4

彼らの手法の典型例がコアラＡＩ社を創業した申恆濤（Heng Tao Shen）である。彼は、豪州クイーンズランド大学コンピューターサイエンス・エンジニアリング学部教授だったが、二〇一四年に千人計画によってリクルートされた。中国でもトップレベルの理科系大学である電子科技大学（四川省成都市）のコンピューター科学工学部長に就任すると、コアラＡＩ社なる民間企業を立ち上げた。

申恆濤は、同社の研究チームメンバーに豪州時代から知己《ちき》であった科学者を招いた。彼らはニューサウスウェールズ大学（シドニー）やメルボルン大学に籍を置いたまま年に数カ月中国で働けばよい契約だった。申恆濤教授は二〇一七年に中国に移住したが、一九年までクイーンズ大学（ブリスベン）の名誉教授のままであった。[*5] 同教授は、東京大学などでも講演（二〇一六年十二月）[*6] していることから、この分野では世界的な人脈を持っていることがわかる。コアラＡＩ社は、顔認識システム設計に優れ、その製品はウイグル人弾圧のツールに使われている。申恆濤のケースでは、中国に移住し同国での教授職に就いた。その意味では彼の招いた学者たちには罪を犯させた可能性が高いが、本人は罪を犯してはいないようだ。

しかし、チャールズ・リーバー教授（ハーバード大学化学・化学生物学部長）は悪質だった。リーバー教授も千人計画に沿って採用されていた。ナノ科学の分野で最先端にいた彼は、二〇一二年から一五年の三年契約で、武漢工科大学（中国武漢市）に招かれた。そこでは新研究施設設置の責任者となり、若手研究者の教育にあたった。また武漢大学名での特許申請も指導した。彼の場合は、年間九カ月以上の武漢勤務が条件だった。それだけに報酬は莫大《ばくだい》であった。月五万ドルの給与、武漢での生活手当年一〇〇万元（およそ一五万八〇〇〇ドル）。さらに、武漢工科大学研究施設の完成に特別報酬金一五〇万ドルが用意されていた。ハーバード大学当局からは国際協力という名目で中国行きの承諾を得た。

ハーバード大学では同教授の率いる研究チームが、二〇〇八年以来、米国立衛生研究所（NIH：National Institute of Health）および国防総省から併せて一五〇〇万ドルの研究資金を得ていた。米政府の支援を受ける場合、外国政府あるいは組織からの資金を得ていれば報告義務があった。二〇一八年四月、リーバー教授と中国との深い関係を疑ったFBIは教授にそれを質《ただ》したが、彼は否定した。同年十一月には、NIHが、教授と武漢大学との関係を大学当局に問い合わせた。「武漢工科大学とも千人計画とも無関係だ」とする教授の説明を信じたハーバード大学は、そのように回答した。二〇二〇年一月二十八日、FBIは偽証罪でリーバー教授を逮捕した。米司法省の声明文書に依《よ》れば、有罪の場合、最長五年の刑となる。*7

米国ではリーバー教授の他にも複数の学者、研究者が逮捕されている。以下はその数例である。

関磊（Guan Lei）：二〇二〇年九月十七日・逮捕。中国国防科技大学学生。中国軍との関係を隠し、カリフォルニア大学ロサンジェルス校（UCLA）でスーパーコンピュータ・AI技術開発に関わる。

鄭松国（Song Guo Zheng）：二〇二〇年五月二十二日・逮捕。オハイオ州立大学医学部教授（免疫学・リューマチ研究）。NIHからの研究助成金四三〇万ドルを得ながら、研究成果を中国に利用させる。助成金取得に中国政府との関係を秘匿《ひとく》。

李暁江（Xiao Jiang Li）：二〇二〇年五月十一日・有罪確定。元エモリー大学（ジョージア州アトランタ）教授、千人計画にリクルートされる。中国政府から得た所得五〇万ドル未申告。

ジェイムズ・ルイス：二〇二〇年三月十日・有罪確定。元ウェストバージニア大学教授（物理学）、千人計画にリクルートされる。二〇一八年秋、その事実を隠しウェストバージニア大学から長期の有給休暇を取得（年二万ドル受給）したうえで、中国科学院（北京）で学生指導にあたる。報酬年八万六〇〇〇ドルに加え、生活手当年一四万三〇〇〇ドル、研究資金五七万三〇〇〇ドルが支給された。

＊1：Janet Lorin & Brandon Kochkodin, Harvard Leads U.S. Colleges that received $1Billion From China, Bloomberg, February 6, 2020

＊2：Tom Ciccotta, Stanford Accepted $58 Million From Chinese Government, Breitbart, July 6, 2020
https://www.breitbart.com/tech/2020/07/06/report-stanford-accepted-58-million-from-chinese-government/

＊3、4、5：The Thousand Talents Plan is part of China's long quest to become the global scientific leader, the Conversation, August 31, 2020

＊6：東京大学杉山・横矢研究室ＨＰ

http://www.ms.k.u-tokyo.ac.jp/news-jp.html

＊7：米国司法省発表文書（Harvard University Professor Indicted on False Statement Charges）、June 9, 2020

https://www.justice.gov/opa/pr/harvard-university-professor-indicted-false-statement-charges

対米世論工作

ジャーナリスト懐柔と孔子学院

前二節では、中国による米国の最先端技術盗み出し行為について明らかにしたが、本節では、中国による対米世論工作について扱う。共産主義国家のジャーナリスト利用の歴史は古い。先に、FDR政権が一九三三年十一月にソビエトを国家承認したと書いた。米国では一九二〇年の選挙で共和党が政権を奪い返して以来、共和党の大統領が続き、一九三二年の選挙でFDR（民主党）が勝利するまで、けっしてソビエトを国家承認しなかった。

米国の国家承認が得られるか否かは新興国家にとっては死活問題だった。たとえば、満洲国（一九三二年三月建国）を当時のFDR政権が「国際共産主義拡散に対する防波堤」だとの考え方を取り、同国を国家承認していたら、その後の東アジア情勢は大きく変わっていた。

米国による国家承認を願うスターリンは、米国世論の好転を狙い、ジャーナリストの利用を考えた。モスクワに駐在するジャーナリストを籠絡《ろうらく》し、ソビエトのイメージを高めるのがその第一歩だった。国交のない時代、国務省プロパーの外交官はソビエトに隣接するバルト諸国から、ソビエト情報を間接的に得ていた。その一人がジョージ・ケナンである。一九三一年にはリガ（ラトビア）に赴任し、ソビエト情報を収集した。彼は、ソビエトの危険性に早くから気づいていた外交官だった。ジャーナリストは、民間人の立場で堂々とモスクワに赴任できた。ケナンは、モスクワからスターリンを喜ばせる報道を続けるジャーナリストの行状に苦虫を噛み潰していた。

スターリンのお眼鏡に適ったのは、ニューヨークタイムズ紙モスクワ支局長ウォルター・デュランティだった（任期：一九二二～四一年）。彼は、スターリンの始めた農業集団生産化（第一次五カ年計画：一九二八～三二年）が生んだ悲劇を一切報じなかった。集団化に反対するウクライナ農民が六〇〇万から一〇〇〇万も餓死（ホロドモール）しているが、それでもなお彼は集団農場化政策を称賛した。

「オムレツを食べるには（集団化を成功させるには）、卵の殻を割る必要がある（ある程度、農民が苦しんでも仕方がない）」（一九三三年三月）[*1]

FDRは、彼の帰国時にはモスクワ情勢を最もよく知る知識人として意見を聞いた。彼の意見がFDRのソビエト国家承認に「貢献」した。共産主義国家にとって、ジャーナリストは金さえ出せば、いとも簡単に振り付け通りに「踊って」くれるツールであった。先に書いたように、国家承認されたソビエトは米国技術スパイ活動を活発化させた。

中国もソビエトのやり方に倣った。中国は、二〇〇一年にWTOへの加盟を許された。それに相前後するように、世界をターゲットに世論工作を開始した。その先兵としてCNNのキャ

スターリンの思うままにソビエトに好意的な報道を続けたジャーナリスト、ウォルター・デュランティ

スターたちに目を付けた。中国は、中国環球電視網（CGTN：China Global Television Network、北京）を設立して、世界に向けて国際放送を開始した（二〇〇〇年九月開局）。CGTNは、英語版放送にCNNのキャスターを多数採用した。現在確認されている人物はショーン・ケイレブス（Sean Callebs）、アナンド・ナイドゥー（Anand Naidoo）、ジム・スペルマン（Jim Spellman）、アシー・ナムダール（Asieh Namdar）、カリーナ・ヒューバー（Karina Huber）の五人である。

五人の筆頭格はケイレブスである。二十年にわたりCNNに勤め、多くの番組でアンカーを担当した（一九八九～二〇〇九年）。トランプ大統領が誕生すると、ヒラリー・クリントン陣営が資金提供し、偽の調査報告書（スチール文書）を作らせ、トランプ大統領の当選にロシアが関与していたとする疑獄事件（ロシアゲート事件）が「創作」された。彼はそれを事実として報道し、煽りに煽ったうえ、トランプ大統領弾劾に期待した。二〇一九年は、中共政府建国七十年の年であったが、北京に飛び、中共誕生を祝う番組制作に携わった。

アナンド・ナイドゥーも、CNNで国際ニュースのアンカーを十年務めたベテランである。コロナ禍《か》では、中国の対応を激賞し、トランプ政権のやり方は拙《つたな》いと繰り返した。ニューヨーク駐在のカリーナ・ヒューバーはビジネス・株式番組を担当し、トランプ大統領の対中国貿易規制（高関税政策など）を詰《なじ》った。

二〇一九年、米国はCGTNを外国代理人登録法監視団体に指定した。そこで働くジャーナリストは正式に「第五列」に認定されたも同然である。CGTNで働くジャーナリスト予備軍を育てているCNNは、China News Networkと揶揄《やゆ》され、トランプ大統領からは悪《あ》しざまにフェイクニュースチャンネルだと批判された。米国民もその偏向（極端な米民主党寄りの報道姿勢）を嫌い始め、視聴率は下がり続けている。トランプ政権時代、CNNの提供するニュース番組で最も視聴者の多い番組（Cuomo Prime Time）は平均一七〇万人に視聴されていたが、FOXテレビが提供する一三のニュース番組の全てに負けていた。このFOXがCNNも顔負けの報道に切り替えたのは、二〇二〇年の大統領選開票速報の時であった。米国民はFOXの裏切りに憤った。今ではFOXの視聴者数はCNNより少ない。

CGTN英語放送は中国共産党による米国民への直接の語り掛け工作だが、間接的に米国世論工作を仕掛けているのが孔子学院（Confucius Institute）である。二〇一七年八月、ロシアゲート創作に協力したジェイムズ・コメイに代わって、クリストファー・レイがFBI長官に就いた。[*2]二〇一八年二月十三日、レイ長官はワシントン上院（情報特別委員会）で孔子学院の活動を調査していることを明らかにし、同学院の危険性を喚起した。

孔子学院米国センターのホームページ[*3]は、二〇〇五年のメリーランド大学カレッジパーク校などでの開校を皮切りに、全米各地の大学にその活動を広げたことを自慢している。しかし、トランプ政権になると、その活動が一気に鈍っている。

二〇〇五年　メリーランド大学カレッジパーク校など三校
二〇〇六年　ハワイ大学、アイオワ大学、オクラホマ大学など七校
二〇〇七年　アリゾナ州立大学、マイアミ大学、ピッツバーグ大学など一九校
二〇〇八年　サウスカロライナ大学、アクロン大学（オハイオ州）など九校
二〇〇九年　ニューヨーク州立大学、ミシガン大学、オレゴン大学など一三校
二〇一〇年　ジョージア州立大学、シカゴ大学、ユタ大学など一七校
二〇一一年　ミズーリ大学　一校
二〇一二年　カリフォルニア大学デイヴィス校、同サンタバーバラ校など六校
二〇一三年　コロンビア大学、スタンフォード大学、ジョージワシントン大学など一六校
二〇一四年　テンプル大学、タフト大学、カンザス州立大学など九校
二〇一五年　ウェストバージニア大学、南ユタ大学など五校
二〇一六年　開校なし
二〇一七年　ニューヨーク市立大学バルーク校など二校
二〇一八年以降の開校記載なし
（記載された開校数：一〇七校）

孔子学院の活動を管轄するのは、中国教育部国家漢語指導弁公室である。表向きの孔子学院設置目的は、中国語教育と中国文化の普及である。これほどの数の米国の大学が孔子学院をキャンパス内に設立させたのには理由がある。金銭的インセンティブである。孔子学院の活動に警鐘を鳴らす団体に全米学者協会（NAS：National Association of Scholars）がある。同協会はそのからくりを見破っている。

「中国政府は学院で教える教師を選任し、無料の教材を準備する。さらに年間最大一〇万ドルの補助金を大学に提供する。契約上は、運営資金の拠出は半々であるが、大学はその拠出金を、教室や運営事務局のオフィススペースの提供で代替する。その一方で学生からの授業料は大学の収入になる」[*4]

孔子学院の授業内容は、当然に中国政府の意向に沿ったものになる。特に三つのTがタブーとなる。大学当局はそのタブーに忖度《そんたく》し、腫物《はれもの》には触らない空気が学内全体に広がる。

三つのTとは以下を指す。

チベット：Tibet

天安門：Tiananmen

台湾：Taiwan

FBIは、「孔子学院は米国大学のキャンパスに潜り込んだプロパガンダ組織である。世界中に張り巡らされた諜報ネットワークだ」[*5]と判断し、捜査を開始した。孔子学院については、FB

Iだけではなく米教育省も危機感を持ち、全国の大学に対して中国政府からの資金提供の報告義務を強化した。教育省は、二〇二〇年夏、ジョージタウン大学、コーネル大学など四校の現場調査に入った。トランプ政権の意向を受けて、孔子学院の閉鎖を決める大学も増えた。二〇二〇年五月一日段階で、その数は八六校に減った。米国の若者教育の場に土足で上がり込んだ中国だったが、第二期トランプ政権が成立していれば、さらなる減少が予想されていた。

トランプ政権は孔子学院の危険性を日本政府にも伝えていたはずである。菅義偉官房長官（当時）も、「日本にある一五の孔子学院（注：早稲田、立命館など）の動向を注視する」（二〇二〇年八月二十六日記者会見）と述べていることから、それがわかる。

菅政権は、日本学術会議が推薦したメンバーの内六人の任命を拒否した。筆者は、この動きは米国の動きと連動したものと見ている。日本の高等教育機関にも、中国の工作は進んでいるとみて間違いない。日本政府も遅まきながら、中国のスパイ工作活動に神経をとがらせ始めた。バイデン政権が孔子学院をどう扱うか注目したい。

＊1：デュランティについては、拙稿「日本人の知らない怪しいジャーナリスト」（月刊『Voice』平成二十九年二月号）で詳述した。
＊2：コメイ長官が解任された二〇一七年五月九日から、八月二日のレイ長官就任までの間

は、アンドリュー・G・マッケイブ副長官が長官代行。

＊3：孔子学院美国中心

https://www.ciuscenter.org/about-confucius-institutes/history-of-cis-in-the-us/

＊4、5：Tom Lindsay, China's Propaganda Centers On U.S. Campuses Must Be Shut Down, the Federalist, June 26 2020

https://thefederalist.com/2020/06/26/chinas-propaganda-centers-on-u-s-campusesmust-be-shut-down/

約束を守らない中国、見放したトランプ

トランプ大統領は、政治家経験はない。実業の世界で成功してきただけに、彼の交渉スタイルは従来型の政治家のそれとは大きく違う。先にジョン・ボルトン解任の経緯を書いたが、トランプ大統領は、部下の引いたシナリオ通りには動かない（踊らない）。意見は聞くが、最後は自身の信念で動く。実業家経験から生まれたと思われるもう一つの特徴は、交渉相手（相手国の首脳）を「まずは信用する」という態度を取ることである。

ビジネスでは、パートナーとなる会社がどうしても必要になる。そうしたパートナーとの付き合い方が会社の興廃に直結する。経営者であれば誰でもわかることだが、「警戒しながらも、まずは相手（経営者）を信用してことを進める」のが基本である。トランプ大統領の交渉スタイルもそうである。彼の対中国外交にはそれが典型的に現れた。トランプ大統領は、習近平主席をまずは信用するところから対中外交を始めた。

米国では違法薬物による死亡者が増えている。左頁の表はトランプ政権に入って以降、特に合

米国の合成麻薬による原因別死亡者数推移
2014年から死亡者数が激増している

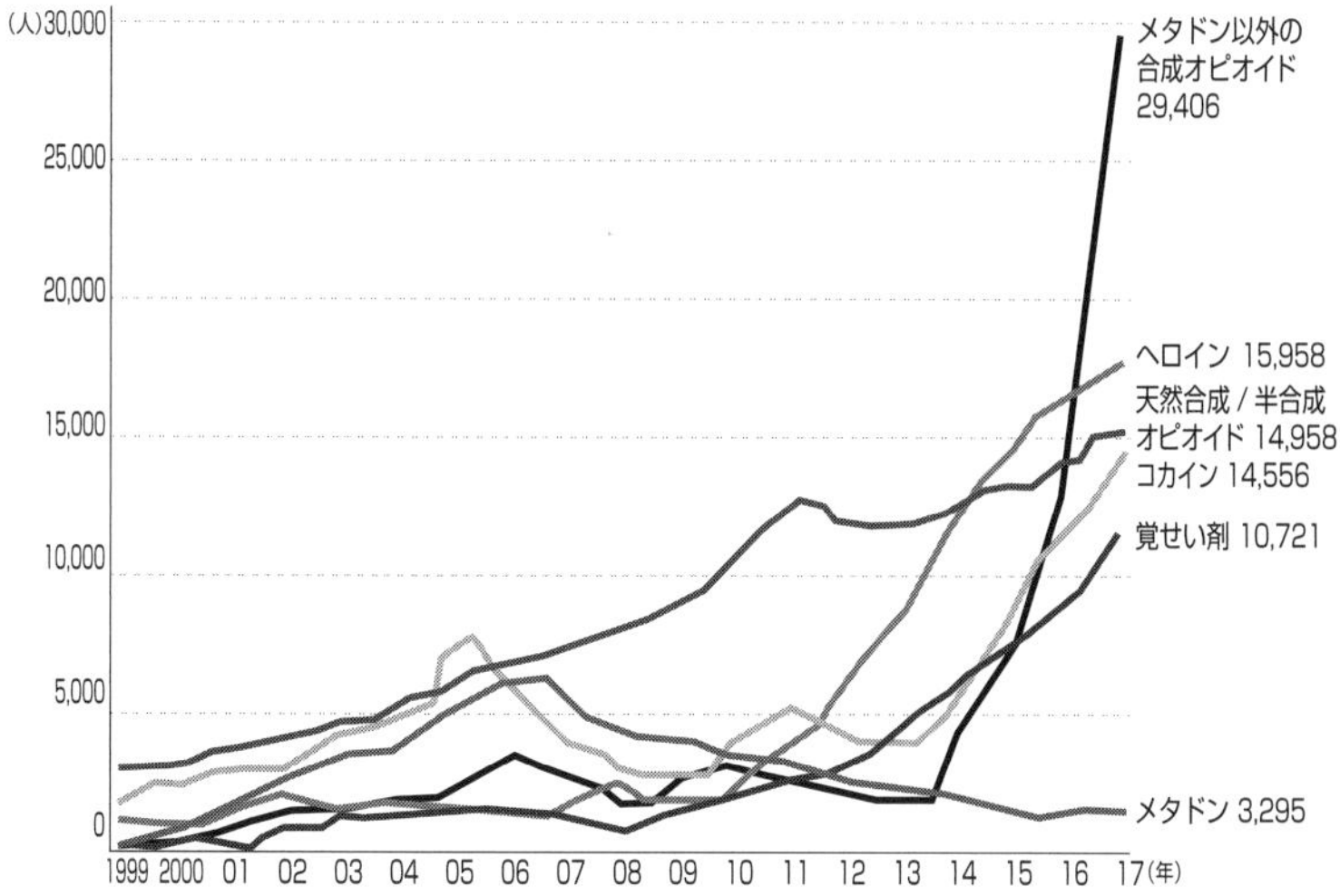

成麻薬による死亡が急上昇したことを示している。合成麻薬とは本来は、末期患者の激痛を抑える薬（疼痛《とうつう》緩和薬）だったが、麻薬常習者は、それをヘロインとブレンドすることで異常な恍惚感《こうこつかん》を得られることを知った。彼らが使い始めた合成麻薬がフェンタニルである。

フェンタニルは、恍惚感と引き換えに突然の心肺停止を引き起こす。ミネアポリスで、警官の拘束時に死亡したジョージ・フロイドの遺体は司法解剖されたが、彼の体内からもこの合成麻薬が見つかった。[*1] 彼の死は、警官の人種差別的暴行によるものだと一般には理解されているが、死体検案書では、暴行による外傷もなく、窒息死を疑わせる気道への障害もなかったことが記載されている。

フェンタニルは合成麻薬だけに製造コス

トが低く、その一方で末端価格は高い。原価五〇〇〇ドルで製造されるフェンタニル一キログラムは、末端価格では二〇〇万ドルにもなる。この合成麻薬の主たる供給源は中国である。郵便を利用したネット販売や、メキシコギャングが中国から仕入れて米国内に転売するなどのルートで、米国の麻薬常習者の手に渡っていた。中国は、米国の製薬会社の多くが同国に製造拠点を移したこともあって、薬品製造ノウハウを蓄積していた。

米国議会（米中経済安全保障検討委員会）は、フェンタニルによる死者の激増を憂え、詳細なレポートを発表した（二〇一七年二月一日）。

「中国はフェンタニルをはじめとした違法ドラッグを世界に供給している。同国の巨大化した製薬産業に対する規制は甘く、ほとんど監視されていない。（中略）中国の輸出業者は、多種多様な方法で西側諸国に違法ドラッグを送っている」

「米国内へのフェンタニルなどの違法薬物の流入を防ぐためには、危険薬物の国内管理を再検討すると同時に、中国政府に対し、薬物輸出管理の強化を求めなくてはならない[*2]」

トランプ大統領が議会の要請に応え、習近平主席に規制強化を求めたのは、ブエノスアイレスでのG20を利用した二国間交渉（二〇一八年十二月一日）の場であった。習主席は、大統領の求

米国の対中貿易赤字推移（2009〜2018年）

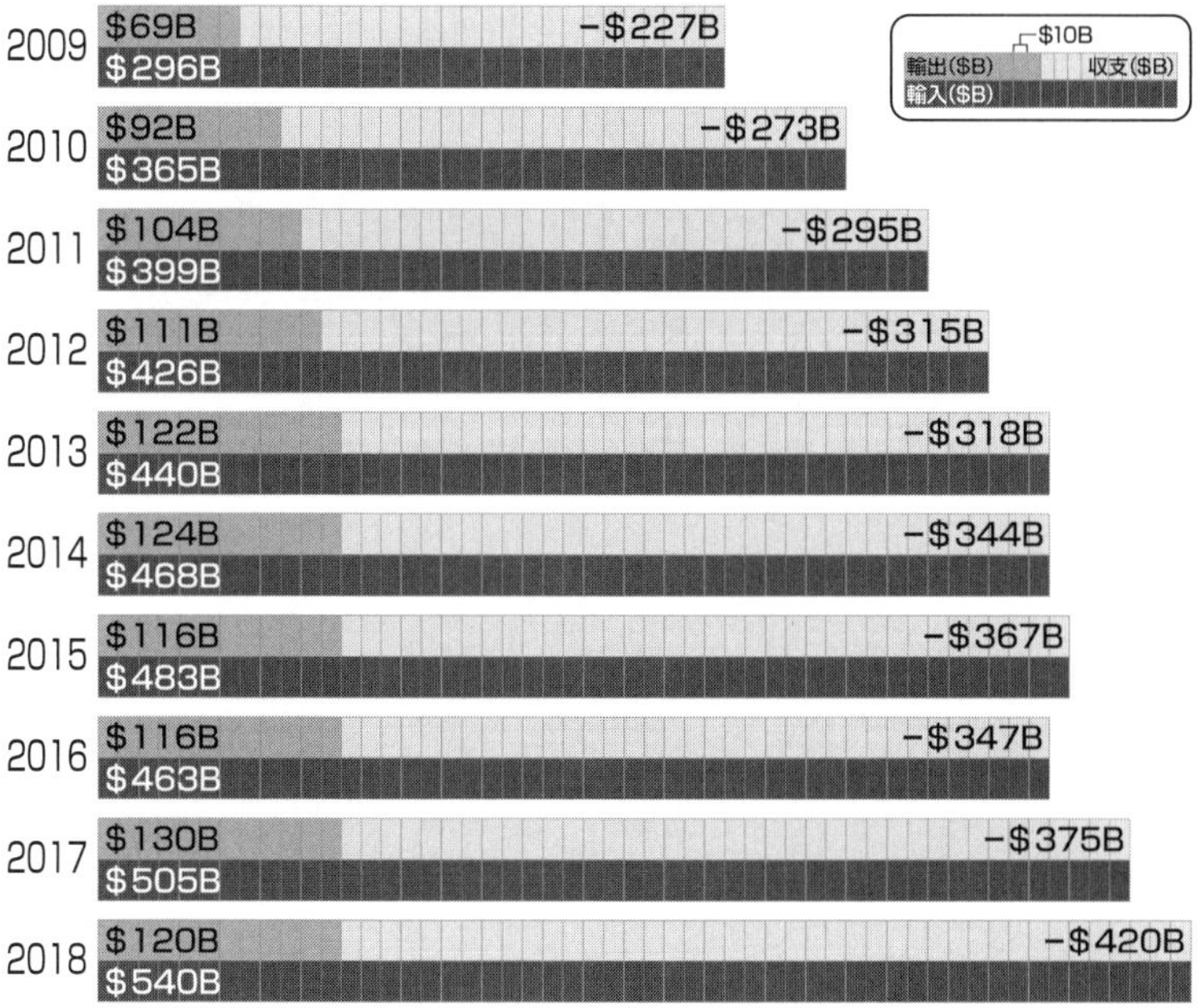

記事・出所：https://howmuch.net/articles/the-us-trade-deficit-with-china-2009-2018

めに応じ、違反者には中国の最高刑（死刑）を以《もっ》て望むと約束した。これにトランプ大統領は喜び、「中国がこの恐怖のドラッグをしっかり規制してくれれば、素晴らしい結果となる」とツイートした。しかし、この約束は空手形に終わった。「習近平主席は、フェンタニルの米国への販売を止めると約束したが実現していない」（二〇一九年八月）と憤った。中国は首脳会談での約束事さえ守らなかったのである。

　二〇一八年一月、トランプ政権は、対中貿易赤字解消に取り組んだ。トランプ政権の対中貿易赤字は、二〇一七年には三七五〇億ドル、二〇一八年には四二〇〇億ドルを記録している（一〇一頁表）。同政権はまず太陽光パネルを問題にした。中国製パネルは、政府補助によって支えられ、不当に安い価格をつけ、世界のマーケットを席巻していた。三月には過剰生産を続ける中国製鉄鋼・アルミ製品のダンピングを問題にし、また中国による知的財産の不当な収奪行為をWTOに訴えた。

四月に入ると、ZTE社（中興通訊《ちゅうこうつうしん》：通信設備開発製造）に、北朝鮮との取引を理由に罰金を科し、ファーウェイ（華為技術：通信機器製造）に対しては、イランとの取引に関わる調査を開始した。北朝鮮およびイランは国連の経済制裁対象国であり、両社はその制裁を無視して取引していると疑われた。ファーウェイ副会長（財務担当）の孟晩舟は、二〇一八年十二月、カナダ・バンクーバー空港で逮捕された。彼女の容疑は、同社に融資する米国の金融機関にイランとの取引を隠したことにあり、彼女の逮捕は米国政府の要請であった。

トランプ大統領が、中国からの輸入品に対して段階的に関税を引き上げることを決めたのは、二〇一八年七月である。まず三四〇億ドル相当の品目に二五％課税を決めた。課税対象品は、八月には一六〇億ドル相当の品目に拡大された。米国は、二〇一九年一月一日にはさらに二〇〇〇億ドル相当の品目への拡大を決めていた。

これに危機感を抱いた習近平主席が、アルゼンチンでのG20の場を利用した二国間交渉で、米国製品（農産物、エネルギー資源）の購入を増やし、米国製自動車および同部品の関税を引き下げることを約束した。先に書いた、フェンタニルの規制を約束したのも、こうした交渉の一連の動きだった。首脳会談の結果、二〇一九年一月一日から予定されていた品目への拡大課税は延期されたが、その後の事務方の交渉では中国側の対応に歩み寄りが見られず、五月十日から新たに三二五〇億ドル相当の品目への二五％課税が実行された。八月には、さらに三〇〇〇億ドル相当の品目に同様の措置が取られることになった。

米中間の交渉はこの後も続き、相当にヒートアップしたやり取りがあったことは想像に難くない。二〇一九年八月二十三日、トランプ大統領が「わが国の会社は、直ちに中国に替わる生産代替国を探さなくてはならない」とツイートしたことからそれがわかる。中国は、対抗措置として七五〇億ドル相当の米国製品の関税率を二段階で上げることを決めた（第一次は一九年九月一日、第二次は十二月十五日）。

両国の貿易戦争は、二〇二〇年一月に入ると、いったん冷却期間に入った。中国は、二〇二一年末までに米国製品二〇〇〇億ドル相当の買い付けを約束し、実現すれば、引き上げられた米関税率の一部を下げさせるという合意である。しかし、この合意の達成は期待できない。二〇二〇年八月段階で、達成スケジュールの四分の一しか実現できていない。実現できなければ、延期されている関税率は引き上げられる。

二〇〇〇億相当ドルの買い付けは、最初から絵に描いた餅であった。これを実現するには、たとえばエネルギー（石油製品）関連でいえば、二〇一七年比で二〇二〇年には二四〇％増、二〇二一年には四四〇％増が必要だった。中国の主要エネルギー供給源であるサウジアラビア、ロシアなどとの関係を考えれば、容易に供給元を米国にシフトできないことはわかっていた。

なぜ、できもしない約束を中国はしたのか。二〇二〇年十一月選挙で、トランプ大統領が敗れることを期待していたのである。トランプ大統領は選挙戦のスピーチで何度も、「バイデン候補の勝利は中国の勝利を意味する」と語っていた。中国は、トランプ政権の対中外交を支持する政治家や知識人に対する嫌がらせ、主要メディアに登場する知識人の親中発言支援、米中貿易戦争は米経済にとって不利益だと主張する意見広告の展開といった工作を実行した。それを担ったのは、駐米外交公館や多額の契約金を得て動くロビイストであった。

バイデンは、副大統領候補にカマラ・ハリス上院議員（カリフォルニア州、一九六四年生）を指名した。一九九〇年に法曹資格をとったカマラの出世は、ウィリー・ブラウン（民主党黒人政治家、後のサンフランシスコ市長）の愛人となったことから始まった。ブラウンが六十歳、彼女が二十九歳の時である。ブラウンは典型的な利益誘導型政治家であった。彼は、州の非常勤専門委員ポスト二つをカマラに与え、あわせて年二〇万ドルを超える報酬を得させた（二〇〇二年）。〇三年、ハリスが地区検事選に出馬した際には全面的に支援し当選させた。*3 ハリスも利益誘導型の左翼政治家で、中国共産党とは「馬が合う」。

彼女の夫ダグラス・エムホフ（Douglas Emhoff：ユダヤ系国際法務弁護士）は、顧問弁護士およそ五〇〇〇人を抱える大手国際法務事務所 DLA Piper のパートナーであり、中国企業とも深い関係にある。同事務所は民主党の大口献金企業でもある。DLA Piper の北京事務所のホームページには、中国系企業（中国銀行、中国平安保険、上海復星医薬など）や中国で活動する国際企業（ドイツ銀行、ＨＳＢＣ、エーボン化粧品、アリアンツ不動産など）がクライアントであることが記載されている。中国は、バイデン大統領の誕生だけでなく、カマラ・ハリス副大統領の誕生にも期待していたのである。

中国は、自国の不公正な貿易の仕組み（知的財産の盗み出し、政府系企業の優遇、自由貿易の利益の片務的享受など）を矯正するよりも、米国の大統領の首を替えることの方が楽であると考えたのである。ジョー・バイデンは、習近平が副主席時代からの長い親交があり、中国は、息子のハンター・バイデンにも十分な媚薬《びやく》をかがせていた（ハンターの経営する投資会社への一五億ドルの資金提供）。

中国の願いはバイデン政権の誕生で叶うことになった。それでもトランプ政権の四年間で多くの米国民は中国の危険性に気づいた。米中貿易戦争は二〇二一年末までは一時休戦状態である。トランプ大統領が進めた中国とのデカップリング（分断）は、米国経済にとってはインフレ圧力にはなるが、サプライチェーンのシフトは、バイデン政権でも継続の可能性はある。日本の対中進出企業の、米中貿易戦争の長期化に備えたサプライチェーンの見直し作業も本格化しよう。

＊１：ジョージ・フロイドの司法解剖結果については、拙論「黒人男性は警察に殺されたのか」

（月刊『Ｗｉｌｌ』二〇二〇年十月号）に書いた。
＊２：Fentanyl: China's Deadly Export to the United States, U.S.-China Economic and Security Review Commission, February 1, 2017, p3
＊３：バイデンのカマラ・ハリス指名の裏事情については『産経新聞』「正論」欄（二〇二〇年八月二十七日付）で詳述。

嫌われる華為（ファーウェイ）

二〇〇九年一月十四日、カナダの超優良企業ノーテル（Nortel）が、米破産法第一一条の適用を申請した。この翌日にはおよそ一億ドルの利払い期限が迫っていた。同社はその支払資金の手当てができなかった。ノーテルは日本ではなじみのない会社であるが、カナダが世界に誇る巨大通信機器メーカーであった。

早い時期から通信のデジタル化に取り組み、光ファイバー網への投資にも熱心であった。一九九〇年代後半にはその売り上げを倍々ゲームで増やしていった。ピーク時（二〇〇〇年）には、営業収入三〇〇億ドルを誇り、従業員数は九万を超えた。同社の破産原因は複合的であり、北米のビジネススクールでは広く研究されているが、最大の原因は企業機密情報の漏洩であった。

カナダ英字週刊紙エポックタイムズは、当時同社のシニア・セキュリティ・アドバイザーであったブライアン・シールズにインタビューしている。[*1] 彼によれば、同社がハッカーによって機密情報が盗み取られていることに気づいたのは、二〇〇四年のことであった。ハッカーは、ノーテル社CEOのデバイスにまで侵入し極秘情報を盗んでいた。同社のセキュリティが強化されると、ターゲットを同社中国支店の幹部に切り替えた。

「ハッカーは極めて高度な技術を駆使しており、背後には中国政府（組織）が関与していると考えざるを得なかった。（中略）ファーウェイがハッキングに関与していた直接的証拠は摑めなかったが、盗まれた機密情報が同社に流れていたことは明らかだった」（傍点筆者）[*2]

ノーテルの業績の低下と交差するように、ファーウェイは成長した。同社のオファーする価格は当時の市場価格よりも四割安であった。さらに、同社の成長を中国政府および軍からの大型発注が下支えした。

「ファーウェイは盗んだ技術を使っていたから、研究開発費はほとんどない。極論すれば、彼らはどんな価格でも設定できた。（中略）ノーテル社はカナダでも最高の会社だった。それが中国に企業機密が盗み出されたことで消滅したのである」[*3]

この例でもわかるように、大会社であっても中国の知財盗みだし行為に晒《さら》されれば、いとも簡単に破産する。ノーテルは優良企業の筆頭であったから、複数のカナダ年金基金も相当の株を保有していた。個人投資家も安全資産として長期運用していた。中国の行為は一般国民にも甚大《じんだい》な被害を与えた。

ファーウェイの技術盗み出しの方法は他にもある。先端特許技術を持つ会社とライセンス契約をちらつかせながら、現物サンプルや企業機密を可能なだけ出させておいて、最終的にはライセンスを結ばないやり方である。一般的にこのようなケースでは、サンプルなどの技術公開前に提供されたノウハウの利用はしないことを契約するが、実務的には相手側を信用しての作業になる。新技術を持つ会社は成長過程にあり、企業規模が小さいことが多い。それだけに企業法務に疎《うと》いか、そちらへ回す資金が不足する。ファーウェイは、こうした事情を悪用し、新技術を盗み出した。

他社の特許技術も平気で使う。その典型例が、4Gでのビデオ映像データ受信・再生特許を持っていたパン・オプティス社（テキサス州）の持つ五つの特許侵害であった。二〇一七年九月、同社はテキサス連邦裁判所に提訴し、幸いにも勝訴した。同社は一一〇〇万ドル近い賠償金を得たが、業界関係者によれば現実の被害額には到底及ばなかった。裁判所は、ファーウェイにパン・オプティス社の訴訟費用も賠償するよう決定した（二〇一九年九月）[*4]。一般的に言って、相手側の訴訟費用まで含めた賠償金を裁判所が認めるのは、被告側に「相当な悪意（当初からの盗み出しの意図）」があった場合に限られる。

ファーウェイには他社の企業機密を盗むことを奨励する企業風土がある、と語る識者も多い[*5]。

携帯電話の性能向上を狙うファーウェイが、米国携帯電話サービスの大手Tモービル社の耐久テストロボット「タッピー（Tappy）」にアクセスを許されたのは、二〇一二年のことである。このロボットは、新型携帯電話の耐久性能テストには欠かせないTモービル社の技術の結晶だった。それだけに、極めて厳密な管理がなされていた。その中で二人のファーウェイ技術者がアクセスを許可された。彼らは、会社の強いプレッシャーの下で、同ロボットに関わる技術情報を盗み出した。

「二〇一三年七月十日、ファーウェイは他社の企業機密を盗み出した従業員に特別ボーナスを支給するプログラムを公式に開始した。（中略）同プログラムは（たとえ従業員の行為が違法であっても）罰せられることはないと強調していた[*6]」

米国政府がファーウェイを嫌うのは、同社に「技術泥棒」の風土があるからである。そのような会社が中国共産党や軍部と強い関係にあることは許せないのである。先に書いたように、同社副会長孟晩舟は、二〇一八年十二月、カナダ・バンクーバー空港で逮捕された。

ファーウェイに融資する銀行の一つである香港上海銀行（HSBC）が、イランとの取引の有無を質《ただ》した。銀行は国連経済制裁対象国イランとビジネスする企業には融資できない。ファーウェイ（孟晩舟）はそうした商取引はないと否定した。実際は、関係企業を通じた迂回《うかい》ビジネスが疑われており、米国政府がカナダ政府に対して逮捕および米国への送致を要求したのである。

バンクーバーの裁判所に出廷する孟晩舟（2020年1月21日）、左足首にはGPS発信機が装着され保釈中の逃亡は難しい

現在、ブリティッシュコロンビア州最高裁で孟晩舟は争い、米国への送還をなんとか避けようと裁判闘争を続ける。弁護側はカナダ連邦警察の逮捕手続きに違法性があるといういわゆる容疑の本質とは離れた「テクニカリティ（手続論）」で無罪を勝ち取ろうとしているが、法律関係者はその主張にはかなり無理があるとみている。

原告（カナダ政府）・被告双方からの陳述、裁判所による聴取は二〇二一年四月に終了し、同年夏までに結審する予定だ。孟被告は現在（二〇二一年三月時点）、カナダドル一〇〇〇万ドル（約七〇〇〇万米ドル）の保釈金を積んで釈放され、バンクーバー郊外リッチモンドの支援者の家で暮らす。しかし、その左足首にはＧＰＳ発信機が装着され、逃亡はできない。

中国政府は、カナダ政府に対し、強い圧力をかけ続けている。孟晩舟の逮捕に呼応するように、二人の在中国カナダ人（元外交官と企業家）がスパイ容疑で逮捕された。孟晩舟容疑者との引き替え要員として逮捕したことは明白である。裁判の決着がつくまでは釈放はない。孟晩舟の米国送致が決まれば、二人の釈放はさらに遠のく。二人に科《とが》があるとすれば、「中国で働いた（商売した）愚かさ」だけである。二〇二一年三月、二人に対する裁判がようやく始まったが、判決が出るのはまだ先である。

カナダ首相ジャスティン・トルドー（自由党）は、従前から中国とは宥和外交を取ってきた。しかしその彼でさえ、中国の高圧的態度にいささか嫌気がさしているようである。二〇二〇年九月十八日、フランソワ・フィリップ・シャンパーニュ外相は、四年前から続けられていた自由貿易交渉の停止を発表した。[*7] カナダが再び交渉の座につくことは当面考えられない。中国共産党は、親中国のカナダまで敵に回した。バイデン政権がこの問題でどう対応するか注視したい。

＊1、2、3：Omid Ghoreishi, How Huawei's Rise Coincided with Telecom Giant's Nortel's Demise, The Epoch Times Special Edition, May/June 2020
＊4：Saman Javed, Court Orders Huawei to pay attorneys' fees for "wide-spread pattern of litigation abuse", World Intellectual Property Review, November 19, 2019

https://www.worldipreview.com/news/court-orders-huawei-to-pay-attorneys-fees-for-wide-spread-pattern-of-litigation-abuse-18910

＊5、6：Bruce Sussman, 8 Steps Huawei took to Steal IP from T-Mobile and Cover it Up, Secureworldexpo, February 14, 2020
https://www.secureworldexpo.com/industry-news/8-steps-huawei-steals-t-mobile-intellectual-property

＊7：Canada drops free trade talks with China, Reuters, September 18, 2020
https://www.kitco.com/news/2020-09-18/Canada-drops-free-trade-talks-with-China-The-Globe-and-Mail.html

米駐中国大使早期離任の真意

2017年5月、中国大使に就任したブランスタッド大使。就任当初は、習近平主席と30年来の知己の親中派として大きく報じられた

二〇二〇年九月十四日、テリー・ブランスタッド米駐中国大使（元アイオワ州知事）が辞任を表明し、十月帰国した。ブランスタッド大使は、習近平主席とも親しく、精力的に米中間の懸案の解決に尽力していた。中国産フェンタニル問題交渉、貿易摩擦交渉（二〇二一年末までに米国製品二〇〇〇億ドル相当の買い付け約束）に果たした大使の功績は大きかった。彼は精力的に地方都市を訪問し、中国を理解しようとする態度を見せていた。

二〇二〇年九月初め、ブランスタッド大使は、両国間の緊張が激化したことを憂え、大使の考え（米国の主張）を共産党機関紙「人民日報」に掲載することを求めた。しかし、九月八日、人民日報は掲載拒否を伝えた。「大使の主張には多くの事実誤認があり、わが国を不当に攻撃し、貶《おとし》めるものである」（中国外交部報道官趙立堅）がその理由だった。意見書は、中国による米国知的財産の窃盗行為や香港の自治への介入を強く非難するものだった。[*1]

「人民日報が（大使の意見書の）掲載を拒んだのは、中国共産党が自由な言論と知的（誠意ある）討論を怖れているからである。その一方で、中国は他国に対しては（言論の自由を含めた）公平さや、互恵関係を求める。中国のやり方は偽善的である」（マイク・ポンペオ国務長官、二〇二〇年九月九日）[*2]

この時期米国は、米国に暮らすおよそ一〇〇〇人の中国人に与えられているビザの取り消しを決めた。中国もこれに対抗措置をとった。人民日報が、大使の意見書を掲載するはずのないことは当然に織り込み済みだったはずである。ブランスタッド大使の辞任は、国務省の総意としての「体《てい》の良い大使召還」だったと理解してよい。大統領と大使の間に対中政策についての齟齬《そご》はなかった。大使は離任前にＣＮＮのインタビューに応じている。帰国後、トランプ大統領が選挙支援を求めてきたらどうするかの質問に、「大統領が要請すれば、二〇一六年選挙の時と同様に、彼の選挙キャンペーンに参加する」と答えている。実際、ブランスタッド大使は帰国すると、トランプ大統領再選のキャンペーンに協力し、中西部農業州の勝利に貢献した。

先に、トランプ大統領の交渉の特徴は、まず相手を「（警戒的に）信用する」ところから始まることを書いた。トランプの対中外交も中国を信用するところから始まった。G20を利用しての二国間交渉で習近平主席のフェンタニル規制の約束も信じて彼に敬意を表した。駐中国大使に習近平をよく知るブランスタッド知事を任命したのも、中国との関係改善を望んでの人事だった。

ブランスタッドは、アイオワ州知事時代（任期：一九八三〜一九九九年、二〇一一〜一七年）の一九八〇年代から、まだ三十代前半の一介の地方官僚だった習近平と知り合っている。一九八五年、習近平は、河北省の青年代表団の一員として訪米し、アイオワ州を訪れた。河北省はアイオワ州と姉妹州であった。ブランスタッド知事が訪中した際に、河北省の若者を同州に招いたのである。

彼らの訪米は、二週間の日程で米国農業視察が目的だった。一行はアイオワ州マスカティン郡の農家にホームステイした。[*3]

二〇一二年二月に副主席に出世した習近平は再び訪米したが、その時も二人は会っている。トランプ大統領が、アイオワ州知事だったブランスタッドを駐中国大使として登用したのは、同氏と習近平主席の長い個人的な付き合いを評価していたからだった。[*4] ブランスタッドが中国との関係改善に強い意欲を持っていたことは確かだった。しかし、中国のやり方（米国技術の盗み出し行為、孔子学院などを通じた内政干渉、香港自治への介入など）に次第に幻滅していった。

ブランスタッドのわずかに残る中国への最後の期待を打ち砕いたのは、コロナ禍に関わる中国の嘘であった。「中国は、習近平主席を信用するトランプ大統領との個人的関係を利用した。大統領は中国の説明を信用した。しかし、彼らの言葉が嘘だったことに、大統領もそして世界も気づかされることになった」[*5]と彼は憤った。

こうして習近平は、中国を最もよく知り、トランプ大統領に近い人物を失った。ブランスタッド大使の後任はいまだ決まっていない（二〇二一年三月現在）。場合によっては、駐中国大使の長期不在もあり得る。トランプ政権は中国共産党が積極的な態度の変更を見せない限り、付き合う必要のない国とみなした。「第二期トランプ政権」では、軍事的に高度な警戒を続ける一方で、外交・経済上の重要度を下げ、中国を二等国扱いにする可能性もあった。バイデン政権が誰を駐中国大使に起用するか見守りたい。

＊1：Robin Opsahl, What we know about former Iowa Gov. Terry Branstad's time as ambassador in China, Des Moines Register, September 14, 2020

＊2：China, U.S. trade attacks after paper refuses to carry envoy's op-ed, Reuters, September 9, 2020

＊3：Gary Dvorchak, President Xi Slept Here: How a Trip to Iowa in 1985 Changed U.S.-ChinaRelations, The Street, September 24, 2015 https://www.thestreet.com/investing/president-xi-slept-here-how-a-trip-to-iowa-in-1985-changed-u-s-china-relations-13300612

＊4、5：Outgoing US ambassador to China blames Beijing for coronavirus, The World News, September 18, 2020

https://twnews.us/us-news/outgoing-us-ambassador-to-china-blames-beijing-for-coronavirus

第4章

米リベラル教育の崩壊

イデオロギー教育の場となった大学キャンパス

米国の大学の空気を一般の日本人が理解するのは難しいようだが、実はそうでもない。六十代後半から七十代の世代は、一九六〇年代に、日本各地の大学で吹き荒れた学園闘争の時代を記憶している。当時の大学では、大学正門前には「ゲバ字」と呼ばれる奇妙に角ばった文字で書かれた立て看板が林立し、ヘルメットをかぶった左翼学生が「アジ演説」していた。気に食わない教授がいれば研究室に押し入り、研究書や研究機材を破壊した。

さらには、教授を多勢の学生で長時間にわたって取り囲み、罵声を浴びせる「つるし上げ」を行なった。学内では、左翼系グループの組織が、女子学生を巧妙に使って政治に無関心な学生（ノンポリ学生）を勧誘（オルグ）していた。

米国の大学の状況は、ヘルメットを被った学生のアジ演説や立て看板はないものの、キャンパスの雰囲気は日本の半世紀前に酷似している。愛国的な発言は一切許されない空気が蔓延《まんえん》し、保守思想の学生は黙り込まないと、狂信的学生に危害を加えられる。日本の学生闘争は、本物のあるいは本物に近い共産主義思想にかぶれた学生が主体であった。彼らは、真剣にマルクスやレーニンの著作を読み漁《あさ》り、『毛沢東語録』を手にしていた。二十一世紀の米国の大学で蔓延するのは、文化マルクス主義である。

ソビエトの崩壊（共産主義体制への幻滅）で、共産主義思想そのものの魅力を語る学生はほとんどいない。しかし、その思想は、人種差別・少数民族差別撤廃運動、性的指向による差別撤廃運動、フェミニズム運動あるいは環境保護運動などに擬態《ぎたい》し、キャンパスに蔓延した。こうした運動に参加する若者の口からは、共産主義思想を表現する用語は発せられない。米国の左翼学生には、かつての左翼思想家の書物を読んだ形跡がない。

彼らに確固とした思想的支柱があるとは思えないが、フランクフルト学派と呼ばれる亜種共産主義思想に侵されている。この思想が一見マルクス主義と無関係に見える政治運動に擬態して、米国の若者の心に浸透した。フランクフルト学派について、『ブリタニカ百科事典』は次のように説明する。

「フランクフルト大学および同大学社会研究所（一九二三年設立）に所属するT・アドルノ、M・ホルクハイマー、M・マルクーゼ、J・ハバーマスらを中心メンバーとした一学派。彼ら相互の交流を通じて形成された『拒絶の精神』と名づけられる精神的基盤を特徴としている。『拒絶の精神』とは、現代の人間生活のあらゆる側面に支配の糸が投げかけられている管理社会の既存体制に対して、その根底からの革新を要求する精神のことである。メンバーの大部分がユダヤ系であり、また概して批判的観点を強く押出しつつもマルクス主義と深く関わっていたため、ヒトラーの政権掌握後その多くはアメリカに亡命し、第二次世界大戦後かなりの部分がフランクフルトへ戻った。この通称フランクフルト学派は、戦前にもある程度の影響力をもっていたが、一九六〇年代末から非常な注目を集めて今日にいたっている」

難しい記述だが、本質は簡単なことである。フランクフルト学派と呼ばれる学者たちは、ロシア革命（一九一七年十一月：ロシア暦十月革命）が、なぜ世界革命に昇華しないのか（革命がロシア以外で成功しないのか）悩んだ。マルクスは歴史の最高発展段階に共産主義が現れると理論づけた。しかし、ロシアで成功したはずの労働者革命は世界革命にはならなかった。

フランクフルト学派の学者たちには、レーニンの惹起《じゃっき》した革命が、「ウィンストン・チャーチルの起こした世界大戦（第一次世界大戦）とヨーロッパの紛争に国是を破って参戦したウッドロー・ウィルソン大統領の愚かな外交」が触媒となった偶然の産物であったことに気づかなかったのである。

（注：チャーチルが、閣僚の過半数以上が参戦反対であったにもかかわらず、アスキス内閣の閣論を参戦に捻じ曲げた経緯は、拙著『英国の闇チャーチル』〈二〇二〇年、ビジネス社〉に書いた。また、ウィルソン大統領の参戦が、ロシア暫定《ざんてい》内閣を崩壊させ、レーニンによる革命の引き金になった経緯については、月刊『ＷｉＬＬ』に連載中の「再考１９１７：ロシア革命」で明らかにする）

レーニンは先進工業国ドイツにロシアに続く革命が起こると期待した。だからこそ、レーニンは、ロシア領土と人口を大きく削る屈辱的条約（ブレスト・リトフスク条約、一九一八年三月三日ドイツとの間で調印）を結んだ。この条約で、ロシアは一二六万七〇〇〇平方マイル（三二八万平方㎞）の領土と六二〇〇万の人口を失った。これは国土の二五％、人口の四四％に相当する。喪失した領土はソビエトの三分の一の穀物を生産していた。およそ三割の国家財政収入がこの地域からのものだった。レーニンはこれだけの領土喪失があっても、ドイツでボルシェビキ同志が革命を起こすと期待した。そうなれば、領土の回復は容易にできるのである。

しかし、レーニンの期待した革命はドイツでは起こらなかった。世界の労働者たちの蜂起《ほうき》（世界革命）も続かなかった。ドイツ国内の共産主義者（主としてユダヤ系）の学者たちは、その理由を考え続けた。当時の彼らには、当然と言えば当然だが、現在の研究家に知られているチャーチルやウィルソンの愚かな外交の実態を示す資料はなかった。彼らは、この二人の政治家の愚かさがなければ、レーニン革命は成功するはずもなかったことに気づかなかった。

第一次世界大戦後、共産化する国はどこにもなかった。ベルサイユ体制期（戦間期とも言われる一九二〇年から三九年の第二次世界大戦勃発までの期間）と呼ばれるおよそ二十年の期間に、スターリンが最も期待したのはスペインの共産化だった。いったんは共産化したスペイン共和国政府だったが、この時は英国も米国も外交を誤らなかった。英国はヨーロッパ各国をロンドンに集め、各国に中立を求めながら独伊両国の反共和国勢力（フランコ軍）への支援介入を容認した。米国も英国に倣った。

第二次世界大戦では英米が再び、その外交を誤った。ソビエトを連合国の一員として扱ったのである（民主主義国家と認めたことを意味する）。ルーズベルト大統領（ＦＤＲ）は、ドイツとの戦いに勝利するために、東ヨーロッパの共産化まで容認した（テヘラン会談）。ヤルタ会談では、ソビエトの対日戦争参加を請《こ》い、その結果、満洲がソビエトの手に落ちた。だからこそ、満洲をたちまち勢力下におさめた中国共産党が最終的に国内内戦に勝利し、共産党政府が成立した（一九四九年）。英国（チャーチル首相）は、ＦＤＲの対スターリン宥和外交を追認し、東ヨーロッパ諸国の共産化も、ソビエトの対日戦争参戦も黙認した。この経緯を見れば、世界の共産化は、英米両国の愚かな外交（革命の触媒）なくしては起き得ないことは一目瞭然なのである。

さらに付け加えるならば、ベトナムの共産化も米国の愚かな外交の結末だった。民族主義者であり、合衆国憲法に強い影響を受けていたホー・チ・ミンをアプリオリに共産主義者とみなし、ベトナムの大統領にゴ・ディン・ジエムを擁立したジョン・ダレス国務長官（アイゼンハワー政権）の非常識外交（ダレス外交）があった。仏教国の首魁《しゅかい》にカソリック教徒を充てるという滑稽な政策だった。ここでも米国外交の失敗があったからこそ共産化したのである（注：ベトナム共産化の経緯については『ダレス兄弟』〈スティブーン・キンザー著、草思社：翻訳は筆者〉に詳しい）。

この冷酷な歴史の事実（共産革命は英米の愚かな外交がなければ成就しない）を理解できなかった共産主義思想家は、懸命に、世界に革命が伝播《でんぱ》しない理由を考えた。彼らがたどり着いた結論が、「現代の人間生活のあらゆる側面に支配の網がかけられている。管理社会（既存体制）が人間のあるべき思想を抑圧しているからだ」というものであった。要するに、「人民の心は既存体制維持に都合の良い伝統文化（キリスト教や仏教に代表される宗教や国柄〈伝統文化〉といった保守思想ファクター）にがんじがらめになっているために、革命がもたらす労働者の享受する真の利益に気づかない。したがって、彼らの心を『汚しているファクター』は徹底的に排除（破壊）しなくてはならない」（批判理論：critical theory）という考えにたどり着いたのである。

言い換えれば、「既存体制にがんじがらめになっている愚かな一般人を、それに気づいた知識人が啓蒙し、まずは体制を破壊しなくてはならない。既存体制破壊に成功した暁《あかつき》には、知識人（左翼思想家）が愚かな一般人を指導し、共産主義国家を構築する」というのである。「馬鹿な国民を知識人が前衛となって指導する」という考えは、レーニンの主張に合致する。

前述したように、ブリタニカのフランクフルト学派の説明の最後の部分に、「この通称フランクフルト学派は、戦前にもある程度の影響力をもっていたが、一九六〇年代末から非常な注目を集めて今日にいたっている」と書かれている。六〇年代に注目を集めたのには理由がある。この時代に、社会的弱者層に対する差別を積極的に撤廃していくべきだとの考えが一般化していった。彼らはこの時代の米国の国内事情にうまく乗ったのである。

一九六一年三月、当時のジョン・F・ケネディ大統領は大統領令10925号を発し、就職の際に、人種、宗教、出身国などによって差別してはならないとする勧告を出した。六九年八月には、リチャード・ニクソン大統領が大統領令11478号を発し、政府機関あるいは連邦政府資金で運営される組織に対して、少数派（この時代は主として黒人層）を一定数採用することを法制化した。勧告から法律（アファーマティブ・アクション）に強化されたのである。法律の適用対象は当初は黒人層だったが、次第に女性、原住インディアン、障害者などにも拡大適用されていった。[*1]

大学の教員採用基準にもアファーマティブ・アクションは導入された。大学のほぼ全てに連邦政府の予算措置が取られるだけに、大学は準政府組織である。そこにフランクフルト学派の影響を受けた左翼学者が少数派優遇の波に乗って紛れ込んだ。これがフランクフルト学派の興隆が六〇年代から始まった理由である。

弱者救済措置に対して、当時社会的に優位な立場にいた白人エスタブリッシュメント層も中間層も同意した。彼らはこうした措置によって、差別意識の消えた新しい「国民意識」が生まれると期待したからこそ同意したのである。しかしその期待は裏切られた。学問の場（大学）に潜り込んだ左翼学者による米国の伝統の破壊が始まったのである。彼らにとって、少数派（社会的弱者）に国民意識など持ってもらっては困る。少数派を利用して国体を破壊しなくてはならないからである。そうすることが革命につながる。そのためには「恨み」の意識を植え付ける必要があった。

＊1：米国におけるアファーマティブ・アクション導入の経緯については、拙著『アメリカ民主党の崩壊 2001-2020』一二六〜一三〇頁に詳述した。

アメリカ共産化の具体的手法

米国に潜り込んだフランクフルト学派に影響を受けた学者が、彼らの狙いをいかにして実現しようとしたのか。それが詳細に書かれた文書がある。それを米国議会に提示し、米国内の擬態化した共産主義活動に注意を促したのは、シド・ハーロング（Syd Herlong）下院議員だった（一九六三年一月）。彼は民主党議員だったが、共産主義を嫌っており、当該文書を同年度のアメリカ議会資料に保存させた。[*1] そこには共産主義者が進めていこうとする四五項目の具体的な行動指針が書き込まれていた。長くなるが、その全てを以下に示す。日本の左派政党が現在も実施している政治活動にシンクロナイズする内容も多い。日本の左翼活動家もフランクフルト学派の手法を応用していることがわかる。

アメリカを共産主義化させるための45の施策

1 （ソビエトとの）共存を容認させる。そうすることで核戦争を回避できると主張する。
2 米国の妥協を引き出す。核戦争よりもベターと理解させる。
3 米国の完全非武装化こそが米国の倫理的強靭《きょうじん》さを示すのだという幻想を信じさせる。
4 共産主義国家を含む全ての国との自由貿易を進めさせる。交易品目に軍需品が含まれても構わない。
5 ソビエトおよびその衛星国に対する長期借款支援を実現させる。
6 共産主義国家を含む全ての国に対し、米国の支援を実現させる。
7 中国を国家承認し、国連への加盟を認めさせる。
8 東西ドイツの将来についてはフルシチョフが自由投票の結果に任せるとしたが（一九五五年）、東西ドイツは分離した二つの別の国であるという既成事実を作り上げる。
9 核兵器廃絶交渉は長引かせる。米国はその間は核兵器のテストを中止すると約束している立場を利用する。
10 全てのソビエト衛星国を国連の独立したメンバー国とする。
11 「国連だけが人類の将来の希望である」とする考えを拡散する。国連こそがワンワールド政府であると認めさせ、国連軍を創設させる。
12 共産党を非合法化するいかなる動きに対しても反対する。
13 国家への忠誠を誓うセレモニーを廃止する。

14 ソビエトに米国特許技術のアクセスを認めさせる。

15 米国の政党（注：民主党、共和党）の一つあるいは両方を乗っ取る。

16 司法判断を利用して、米国の基礎となる制度・組織を市民権を弾圧していると糾弾《きょうだん》することで弱体化を図る。

17 教育機関をコントロールする。学校を使って、社会主義・共産主義思想を教え込む。現行のカリキュラムを容易なものにする（注：教育水準を下げる）。教職員組合をコントロールする。党の思想を教科書に織り込む。

18 学生の発行する新聞を支配下に置く。

19 共産主義者を攻撃する施策・組織があれば、学生の暴動を利用して攻撃する。

20 メディアの書評欄や意見記事を利用し、政府の施策に影響力を発揮する。

21 ラジオ局、テレビ局あるいは映画産業での主要ポストを獲得する。

22 あらゆる芸術表現を利用して、米国文化を貶《おとし》める。

23 芸術評論家、美術館ディレクターを篭絡《ろうらく》する。その上で、醜く不快で意味のない芸術を称賛させる。

24 猥褻物《わいせつぶつ》を規制する法律に対してはそれらを「検閲である」「言論・出版自由の侵害」であると訴え、排除する。

25 伝統的な文化規範を破壊する。そのためにはポルノや猥褻とされる書籍、映画、ラジオ、テレビ番組を宣揚する。

26 同性愛、性的倒錯、フリーセックスは、「自然で正常で健康的な行為」として称揚する。

27 教会組織に侵入し、宗教を社会科学的思想に変革する。聖書を否定し、（既存の宗教思想に頼らない）思想的知的成熟を指導する。

28 学校教育の中に存在する宗教的表現を排除する。その根拠には「政教分離原則」を利用する。

29 合衆国憲法を否定する。現行の憲法は、時代遅れで世界の国々との協力体制を築くためには邪魔になると訴える。

30 合衆国建国の父たち（The American Founding Fathers）は、利己的な貴族階級出身者であり、一般国民の利益など考えなかったエゴイストだと再定義する。

31 あらゆる米国文化を過小評価させ、米国の歴史を教えることを止めさせる。一方で、ロシア革命以降のソビエトの歴史を教えるよう指導する。

32 あらゆる教育機関、文化組織、福祉組織、精神病院などの管理一元化を求める社会運動を支援する。

33 共産主義者の組織の活動を阻害する全ての法律や規制を排除する。

34 下院非米活動監視委員会（House Committee on Un-American Activities）を廃止する。

35 ＦＢＩ（米国連邦捜査局）を貶め、最終的には廃止させる。

36 労働組合にいっそう深く潜入し影響力を高める。

37 大企業へ潜入し影響力を高める。
38 警察の逮捕権限のいくばくかを（市民組織のような）社会団体に移譲させる。（犯罪者の）問題行動は精神疾患によるもので、その矯正は専門の心理学者にしかできないと訴える。
39 心理分析の分野をコントロールし、精神疾患に関わる法律を利用することで、共産主義者の狙いを妨害する組織（および個人）を規制する。
40 ファミリーは（個人の自由を阻害する）規制制度だと位置づけ、フリーセックスを奨励し、離婚を容易にさせる。
41 子供の教育にネガティブな影響を与える親からは子供を引き離すことが必要だと主張する。子供の差別意識、精神障害などは子供を押さえつける親の教育の結果と説明する。
42 暴動や反乱は、米国文化にある正当な行為であるとの印象を創造する。学生や諸団体の抗議活動は、経済・社会問題の解決のための合法活動だと主張する。
43 あらゆる植民地支配政府を転覆させる。植民地の人々が、自治の準備ができるまで待つ必要はない。
44 パナマ運河は国際管理とさせる。
45 国際司法裁判所の権限を米国国内法の上位に置かせる。
読者は、これほど詳細なマニュアルが共産主義者によって作成されていたことに驚くに違いな

フランクフルト学派の首魁、ヘルベルト・マルクーゼ（1898〜1979年）

い。日本の左翼勢力の活動も、この戦術マニュアルに沿っていることに気づくだろう。あえて名前を上げないが、夫婦制度・家族制度を否定する女性学者、精神科医の肩書で左翼活動を繰り広げる大学教授などの顔がたちまち浮かぶ。四五の戦術が提案されていた時期は、ソビエトが共産主義国家の旗手であった。現在では中国がそれに取って代わった。したがって、上記の「ソビエト」部分を「中国」に置き換えれば、現代のフランクフルト学派の戦術となる。

ここに挙げた共産主義者の戦術は「リベラル思想」という衣を被せ、米国の若者（大学生）の心に浸透させるものだった。米国の保守層も、そうした主張を素直に受け入れた。保守層はそうすることで、より良い国に前進できると単純に考えた。彼らは、リベラル思想の中身がフランクフルト学派による擬態した共産主義思想であることに気づかなかった。

＊1：Communist Goals, Congressional Record--Appendix, pp.A34-35, January 10, 1963

フランクフルト学派の主張に乗った米民主党

伝統的なマルクス主義では、資本家階級と労働者階級の階級対立が煽られた。フランクフルト学派は労働者階級を「少数弱者（被抑圧者）」に、資本家階級を「特権階級（抑圧者）」に置き換えた。これが新しい「階級闘争」の原型となった。抑圧者グループにはノーマルな異性愛者、白人（特に白人男性）、キリスト教徒などが、被抑圧者グループには同性愛者、黒人・アジア人・原住インディアンなどの少数民族、非キリスト教徒、女性などが「仕分け」された。新階級闘争の旗手として、つまり被抑圧者階級を代表する政党として勢力を拡大したのが米民主党だった。

歴史的に振り返れば、民主党は典型的な「抑圧者」を代表する政党だった。南北戦争は、南部諸州のプランテーション農園主層（南部民主党）が、奴隷制度に依拠した綿花生産を継続することを求めたことに起因する。*1 南北戦争敗北後も、民主党は南部諸州に勢力を温存し、州法を根拠に黒人隔離政策を続けた。黒人の地位向上の法律を導入したのは共和党であり、その妨害をはかったのが民主党であった。民主党の支持基盤だった南部の白人層が次第に裕福になると、差別意識は希薄になっていった。

支持基盤の弱体化で危機感を抱いた民主党は、二十世紀半ばには一八〇度の方向転換を図り、少数弱者利益を代表する党に衣替《ころもが》えした。抑圧者の政党から「被抑圧者（少数弱者）」の代表政党に変身したのである。衣替えの作業に、前節で詳述したフランクフルト学派の主張（戦術）はまことに好都合であった。四五項目の戦術31番に、「あらゆる米国文化を過小評価させ、米国の歴史を教えることを止めさせる」がある。これを利用すれば、民主党が抑圧者側の政党であった不都合な歴史を隠すことができる。

民主党の黒い歴史を隠す一方で、「合衆国建国の父たちは、利己的な貴族階級出身者であり、一般国民の利益など考えなかったエゴイストだと再定義する」（戦術30番）のである。米国民の誇りであった建国の父たちの、負の側面（たとえば奴隷所有者だった、黒人奴隷に子供を産ませていたなど）をことさら強調する。

また、世界の国々の多くが模範にした（つまり共産主義者には不都合な）合衆国憲法を否定（戦術29番）させることで、「合衆国は欠陥著しい国であるから、より理想的な組織である国連の下部構造にしなくてはならない」（戦術11番）と結論づけた。

こうして米国の歴史教育は、国民意識の醸成《じょうせい》という初等・中等教育の歴史の本道から外れた。元来は、自国の負の歴史は、高等教育（大学教育課程）で教えればよいという常識があった。しかし、六〇年代からは、負の歴史を早い段階から教えても構わないとする風潮が現れた。負の歴史教育は、子供たちにアイデンティティを意識させることから始まった。その上で抑圧者側に属すると思う子供には反省（積極的な思いやり）を、被抑圧者側にいると感じる子供には権利の主張をけしかけた。政治学者マーク・リラは、アイデンティティをベースにした負の歴史教育を次のように批判する。

「高校の歴史教育に、アイデンティティをベースにした歴史解釈を持ち込んだ。その結果、歴史の本質的な流れや個人（偉人）の業績が歪《ゆが》められた。（中略）わが国には建国の父たちがおり、（たとえ彼らに多くの欠点があったとしても）基本的人権の保障を基礎にした政治制度を作り上げてきた立派な歴史を教えなくてはならない*2」

「立派な歴史の放棄」つまり「被抑圧者の視点からの歴史教育」で育った若者は次第に国を愛せなくなる。彼らは多数派（抑圧者層）に属することを恥ずかしく思い、伝統的にノーマルだったはずの行動の全てに疑いの目を向けた。あたかも国を愛することは世界平和実現の障害になる利己的な行為であると思い込んだ。

民主党に代表されるリベラル層は、少数弱者の地位向上に「多文化共生」をスローガンにした。この美しい響きをもつ主張に保守層も協力を決めた。保守層は基本的には常識を重視する。彼らには、少数弱者を許容することで母国（米国）がより寛容な社会に成熟すると考える常識があった。

リベラル層は「多文化共生」の実現には、「制度的な抑圧は、法律によって強制的に矯正されなくてはならない」と訴えた。それがアファーマティブ・アクションであり、ポリティカルコレクトネスによる言論抑圧だった。保守層も、より良いアメリカの創造のためであればある程度の苦痛があっても致し方ないと考え、強く反対しなかった。米国の保守層は、そうした動きの裏に潜む文化マルクス主義の魂胆《こんたん》に気づかなかった。

アファーマティブ・アクションやポリティカルコレクトネスの中で弱者利権が生まれた。かつては多数派に属する方が出世に有利だったが、むしろ弱者に属している方が出世するという奇妙な現象が広まった。民主党大統領候補の一人だったエリザベス・ウォーレン上院議員（一九四九年生、マサチューセッツ州）の出世はその典型であった。

彼女は、ラトガース大学（ニュージャージー州）法学部で学び、弁護士資格を取得した。一九七七年、ニュージャージー州の法律家協会に所属し、同州で弁護士業務を続けていたが、しばらくしてテキサス州に移った。彼女は同州のヒューストン大学、さらにテキサス大学で教職を得て、一九八六年、テキサス州法律家協会に登録申請した。左頁はその原本である。そこには彼女の出自は「原住インディアン（American Indian）」であるとはっきりと記載されている（左下の黒丸部分）。全国法学部教職者名簿（一九八六〜八七年版）は、この登録申請を元に彼女を「原住インディアン」の教授として分類した。彼女はここから出世の階段を駆け上がった。翌八七年には、アイビーリーグの一角であるペンシルバニア大学にスカウトされた。[*3]

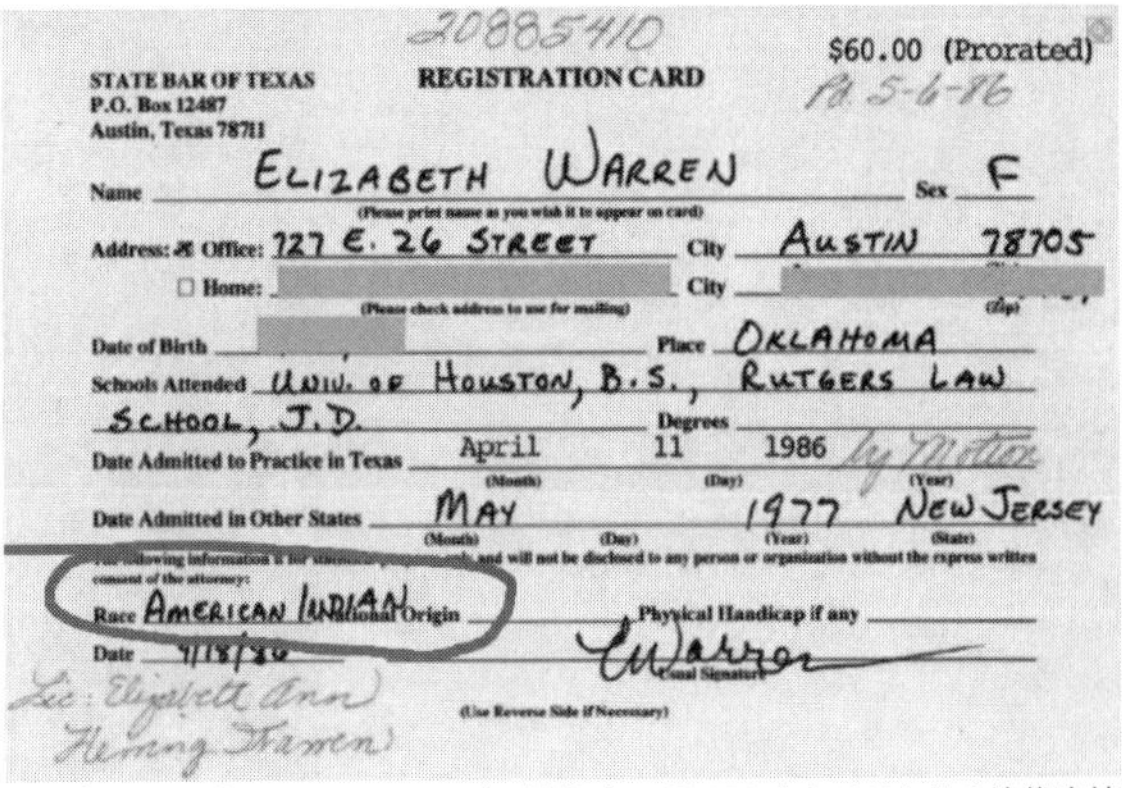
20885410
$60.00 (Prorated)
STATE BAR OF TEXAS
P.O. Box 12487
Austin, Texas 78711
REGISTRATION CARD
Pd. 5-6-86
Name ELIZABETH WARREN Sex F
(Please print name as you wish it to appear on card)
Address: ☒ Office: 727 E. 26 STREET City AUSTIN 78705
☐ Home: City
(Please check address to use for mailing) (Zip)
Date of Birth Place OKLAHOMA
Schools Attended UNIV. OF HOUSTON, B.S., RUTGERS LAW SCHOOL, J.D. Degrees
Date Admitted to Practice in Texas April 11 1986
(Month) (Day) (Year)
Date Admitted in Other States MAY 1977 NEW JERSEY
(Month) (Day) (Year) (State)
Race AMERICAN INDIAN National Origin Physical Handicap if any
Date 7/18/86 Usual Signature
(Use Reverse Side if Necessary)

1986年、エリザベス・ウォーレンは、原住インディアンとしてテキサス法律家協会に登録した

米国の大学は、アファーマティブ・アクションの規制に晒されていた。そうでありながら、それを満たすカテゴリーの採用適格者は容易には見つからない。ウォーレンは原住インディアン出身者と語ることで、自らを「金の卵」に変えた。同大学の「少数民族雇用報告書（Minority Equity Report）」には、彼女は少数民族出身者とはっきりと記載されていた。[*4] 一九九二年からはハーバード大学の教授となり、破産法の専門家となった。その十年後には、マサチューセッツ州から上院議員選挙に立候補して当選した。

彼女は確かに優秀であったのであろうが、同程度の能力を持つ学者は多数派（白人男性）にもいたことは確実である。彼女の出世はアファーマティブ・アクションによって生まれた少数派（弱者）利権によるものだった。少数派利権の甘い汁を吸ったリベラル派は多く、ウォーレン議員の例は氷山の一角に過ぎない。

彼女の「出自詐欺」も結局は露見した。インディアンの血が本当に流れているのかとの疑惑が広がると、トランプ大統領がＤＮＡテストをすべきではないかと促すまでになった。彼女はそ

エリザベス・ウォーレン上院議員（民主党）

の「挑発」を受けて立ったものの、彼女のＤＮＡには平均的白人がわずかに持つアジア系のＤＮＡよりも、少ない量しか見つからなかった（二〇一八年十月）。

それでも彼女は二〇二〇年民主党大統領予備選挙に出馬した。最後までレースに残ったものの、結局ジョー・バイデン前副大統領に敗れた。

＊１：民主党は、奴隷労働に基づくプランテーション経営者層を基盤とした政党であった。奴隷解放後も、激しい黒人隔離政策を続けた。二十世紀初頭の米西海岸で発生したアジア人（特に日本人）排斥運動の主体も民主党であった。民主党の差別の歴史については拙論「共和党対民主党：日本人が知らないアメリカ史」（『世界史の新常識』文春新書）を参照されたい。
＊２：Mark Lilla, The End of Identity Liberalism, New York Times, November 18, 2016
＊３：Peter Schweizer, Profiles in Corruption, Harper,2020,p127
＊４：同 ,p128

フランクフルト学派の主張を現実化したカリフォルニア州

米大統領選挙では、各州に人口比で割り振られた数の選挙人が、その州の選挙結果を受けて勝利者に投票する。州の選挙の当選者が、その州が持つ選挙人を総取りする（例外州もわずかにある）。選挙人の数は五三八であるから、二七〇の選挙人獲得で過半数を制する。カリフォルニア州は全米最大の人口を持つ。二〇一〇年調査では三七〇〇万であったから、現在では四〇〇〇万に近い数字であろう。したがって、同州が持つ選挙人数はどの州よりも多い五五である。次にテキサス州（人口およそ二九〇〇万）の三八が続く。

カリフォルニア州は民主党の絶対的牙城となった。先般の選挙でも、五五人の選挙人はバイデン候補のものになった。カリフォルニア州でもかつては共和党の力が強かった。しかし、同州の人口構成の劇的変化が民主党絶対有利の環境を整えた。大きな変化が起きたのは一九八〇年代から九〇年代にかけてであった。ラテン系移民（メキシコ系）が同州に殺到したのである。そこには多くの不法移民がいた。

民主党は「移民に優しい政策」を取った。不法移民にまで公的扶助を与えた。一九六六年、共和党は不法移民への公的扶助の停止を試みたが果たせなかった。新しくやってきたラテン系移民層が民主党支持になるのは当然であった。その第二世代も親の影響を受けた。同州にはラテン系だけでなくアジア系の移民も増えた。左頁の表はカリフォルニア州の人種別人口構成の変化である。

二〇一八年には、旧来の多数派だった非ラテン系白人（Non-Hispanic White）は少数派に転落した。ラテン系は最大勢力（三九％）となった。アジア系（一五％）、アフリカ系（六％）と併せれば、従来少数弱者だった人種の合計は過半数を超えた。カリフォルニア州は完全に非白人州に変貌《へんぼう》した。米国全体では非ラテン系白人は六〇％を超えているだけに、カリフォルニア州の人口構成がいかに「特殊」かがわかる。移民層（元来の少数弱者）がマジョリティ化したことで民主党の権力基盤が盤石化した。

カリフォルニア州にはおよそ二五〇万前後の不法移民が暮らしていると推計されている。米国全体では一一〇〇万の不法移民が暮らすと推計されているから、その四分の一が同州に「集中して匿《かくま》われている」ことになる（カリフォルニア公共政策インスティテュート推計*1）。

民主党が不法移民に優しいことは、彼らの言葉の言い換えにも表れている。民主党の政治家は「不法移民（illegal immigrants）」とは言わない。「書類の整っていない移民（undocumented immigrants）」が彼らのお好みの用語である。「不法（illegal）」という言葉を使おうとしない。全

カリフォルニア州の人種別人口構成の変化

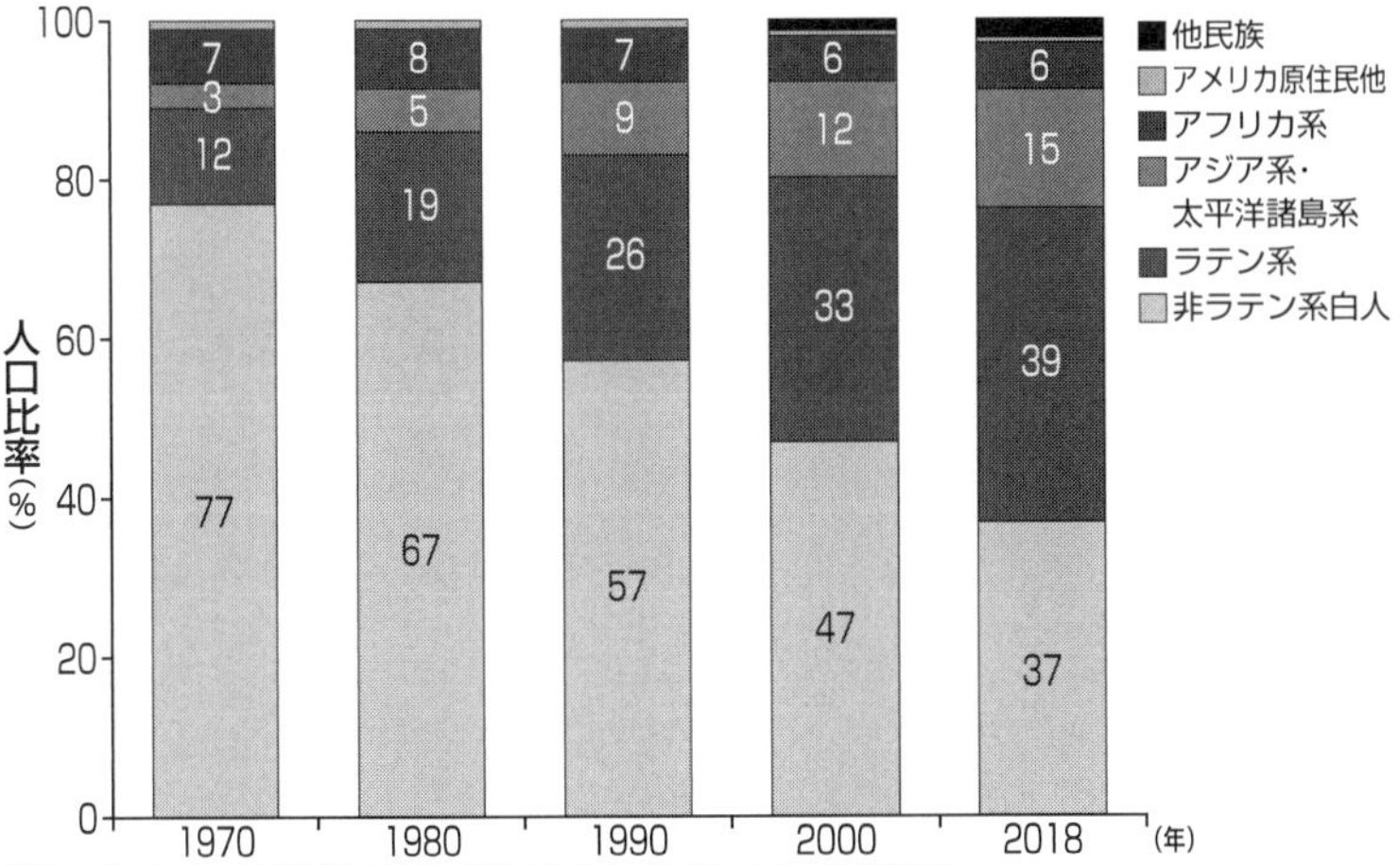

出所：カリフォルニア州財務局1970－2000、アメリカのコミュニティ調査2018

体主義国家の出現を警告した英国の作家ジョージ・オーウェルは、「（誤った）思想は言葉を腐敗させる。腐敗した言葉は思想そのものをさらに腐敗させる」（『政治と英語』一九四六年[*2]）と書いていた。「言い換え」によって、不法移民を合法化させようとする邪意が見える。言葉を弄《もてあそ》ぶ民主党は全体主義思想を内包しているのである。

移民の増加だけが、カリフォルニア州の人口構成を変化させたのではない。白人層が同州を逃げ出した結果でもあった。白人ブルーカラー層（高卒）は一九九〇年頃から他州へ移り始めた。米国統計局のデータによれば、そうした層は二〇〇五年から一五年の十年間で八〇万の純減だった。彼らの二〇％にあたる一五万六〇〇〇はテキサス州を新天地に選んだ。ラテン系の富裕層の脱出も目立ったが、ラテン系の人口は新規流入者が補い純増が続いた。しかし、白人系ブルーカラー層がカリフォルニアを目指してあらたにやって来はしなかった。[*3]

移民の増加と白人ブルーカラー層の減少が、カリフォルニア州を民主党「独裁州」に変化させた。それに輪をかけた勢力が、カリフォルニアを新天地と考える高学歴白人知識人層であった。彼らの多くが、フランクフルト学派の影響を受けたリベラル系教員による歴史教育を受けて育った。多くが意識高い系リベラルとなり、サンフランシスコやロサンジェルスなどの都市部とその郊外に集まった。彼らはハイテク産業や映画制作などのエンターテインメント産業に従事した。彼らは自らを進歩派と定義し、米国をより良い国にする前衛と信じた。愚かにも、そうすることが共産主義者（フランクフルト学派）の手のひらで踊ることであることに気づきもしなかった。

冷戦期には、カリフォルニア州には防衛産業（航空機産業）やエネルギー関連（石油採掘精製）産業が隆盛だった。そうした産業の従事者には共和党支持者が多かった。しかし、同州ではそうした産業が衰退し、ブルーカラーワーカーが消えた。

意識高い系リベラル以外の白人にも、カリフォルニア州に住むことが有利になる層があった。教職員などを含めた公務員たちである。民主党の政治家は、規制強化が好きである（後述）。規制強化は必然的に大きな政府を目指す。その結果、公務員組織が肥大化し、労働組合の力も増した。労働組合の指導層にはフランクフルト学派の影響を受けた活動家が多い。左翼勢力は、同学派の主張する戦術36番（労働組合にいっそう深く潜入し影響力を高める）を忠実に実行していた。組合幹部は選挙を通じて民主党政治家を支援し、民主党の知事や市長は組合に「優しい」政策を取った。こうしたファクターの複合でカリフォルニア州は、民主党政治のパラダイスとなった。[*4]

＊1：Undocumented Immigrants in California, Public Policy Institute of California
https://www.ppic.org/publication/undocumented-immigrants-in-california/
＊2：George Owell, Politics and the English Language, 1946
＊3、4：Jason Willick, The Real Reason California Turned Blue, The American Interest, March 27, 2017
https://www.the-american-interest.com/2017/03/27/the-real-reason-california-turned-blue/

民主党による犯罪の助長・合法化と都市の腐敗

常識的な保守層は不法移民を犯罪の温床と考える。しかし、民主党政治家には彼らはその政治力をいっそう高めるための「宝」に見えるようだ。不法移民の取り締まり活動は、連邦政府の三つの組織（国土安全保障省［DHS］、移民関税執行局［ICE］、税関国境警備局［CBP］）の管轄である。こうした組織は、不法移民が犯罪を犯して地方警察当局に逮捕拘留された場合、安易に保釈をしないこと、ICEに情報提供すること、そして犯罪者（不法滞在者）の引き渡しを求める。ところがカリフォルニア州など、民主党系首長の州や都市の多くがその要請に従わないことを決めた。主要都市には連邦組織の出先機関が存在するが、不法移民逮捕情報はそうした組織に伝えられない。また逮捕拘留した不法移民をいとも簡単に釈放する。そうすることで、ICEによる国外退去手続きを妨害する。

こうした態度を取る地方自治体は聖域州（sanctuary state）あるいは聖域都市（sanctuary city）と呼ばれる。現在聖域州は八州（カリフォルニア、コロラド、イリノイ、マサチューセッツ、ニュージャージー、ニューメキシコ、オレゴン、バーモント)、聖域都市は二〇〇を超える。[*1]聖域都市に分類されていない自治体でも、連邦政府組織からの情報提供や拘留継続要請に従わないところがある。米国政治は歴史的に連邦政府権限と州権限のせめぎあいが続いてきた。南北戦争後、民主党が牛耳る南部諸州が黒人隔離政策を続けられたのは、そうした政策は州固有の権利であると主張できたからである。

不法移民による犯罪は多発している。二〇一八年、FBI管轄下の殺人事件(州をまたがる事案)の数は九〇四九件だった。そのうちの二八%にあたるおよそ二五〇〇件が、不法移民(不法滞在者)によるものだった。ICEにより特定されている不法移民数は三二〇万人で、国外退去の法的手続きを進めている。しかし、実際に拘留されているものはわずか五万一〇〇〇に過ぎない。ICEに逮捕された不法移民の八割がすでに何らかの逮捕歴を持っていた。[*2]こうした状況を見れば、民主党政治家による聖域都市政策がいかに米国民の安全を脅かしてきたかわかる。

カリフォルニア州の民主党政治の問題は、不法移民対応だけにとどまらない。二〇一四年、同州は罪刑軽減法案第四七号(California Proposition 47)を議決した。同法案は非暴力的犯罪(軽犯罪、財産刑)の罪刑を大幅に軽減する内容だった。[*3]具体的には、九五〇ドル以下の被害額の犯罪は罪にしないというものである。万引きも、盗みも、盗難品の受領も、その額が九五〇ドルを超えなければもはや犯罪ではない。違法薬物の所持についても、個人使用目的であれば、罪にならないことになった。

このような法律改正（改悪）が犯罪を助長することは常識でわかる。九五〇ドルといえば、一〇万円を超える価値がある。街角のコンビニエンスストアでの万引きはし放題になった。第四七号は、「軽犯罪助長法案」であった。これには小売店が頭を抱えた。少額の歯ブラシなどまでも鍵付きのケースに入れて、自衛するしかなくなった。零細な個人経営の小売店は、万引き被害で店を閉めるものも相次いだ。これだけの額の万引きや盗難が続けば、そうなることぐらい誰でもわかる。

警察官は「犯罪者」を逮捕しても、犯人は起訴されないこと、すぐに釈放になることを知っている。検挙にも身が入らない。こうした犯罪を起こすものは常習化しやすく、やがて重篤《じゅうとく》な犯罪にも手を染める。

非暴力的犯罪者といえども、彼らは将来の暴力犯罪者予備軍である。従来は、軽犯罪で逮捕された場合でも、警察はそのDNAを採取し、データベースに登録した。それが将来の犯罪捜査に役に立った。しかし、第四七号の施行でDNA採取の数が激減した。

「軽犯罪者のDNAを採取しておくことは重要である。DNAのデータベースがあることで、殺人を含む重大犯罪が解決されてきた」（サクラメント・ビー紙*4）

この問題を多くの警察関係者が指摘した。当時のカリフォルニア州司法長官は、今回の選挙で副大統領となったカマラ・ハリス上院議員だった。彼女はこの問題にだんまりを決め込んだ。第四七号の施行によって、監獄収容者は減少した。二〇一四年三月には八万二五一七の囚人がいたが、一年後におよそ一万が減り、七万二八九五となった。カリフォルニア州民主党はこの数字を誇って見せる。年間一億ドルの経費が削減されたからである。しかし、窃盗詐欺横領などの財産犯罪は、第四七号の施行後の一年で同州主要一〇都市中九都市で増加し、暴力性のある犯罪も全都市でその数を増やした。*5

カマラ・ハリス前上院議員の地盤はサンフランシスコである。一九九〇年に法曹資格をとった彼女の出世は、ウィリー・ブラウン（サンフランシスコ市長、任期：一九九六〜二〇〇四年）の愛人となったことから始まったことは、前にも述べた。

サンフランシスコは、彼女の出世のスプリングボードとなった町である。その町で第四七号の施行後、ホームレスが激増した。二〇一八年にはその数は一万七五九五であり、前年度から倍増している。市内には至る所に人糞が落ち、注射針が使い捨てられている。

サンフランシスコを地盤にするのはカマラ・ハリスだけではない。反トランプの急先鋒である下院議長ナンシー・ペロシ（民主党）の選挙区でもある。彼女は、ありもしないウクライナゲート（注：ウクライナ内政に干渉し政敵［ジョー・バイデン］の金銭疑惑捜査を強要し、自身の立場を有利にしようと図ったとする主張）を創作し、トランプ大統領の弾劾を謀《はか》った（二〇二〇年二月上院で否決）。反トランプ活動の権力闘争に意欲を燃やす一方で、自身の選挙区の無残な状況には無関

サンフランシスコのホームレス

心である。トランプ大統領は、サンフランシスコの惨状を憂え、次のようにツイートした（二〇一九年十月二十六日）。

「ナンシー・ペロシ議長の選挙区サンフランシスコは酷いことになっている。市全体が衛生環境基準を満たしていない。（中略）彼女は私を弾劾することで頭が一杯である」

「私たちは協力して市中に広がる危険な廃棄物を除去しなくてはならない。このままでは町全体が腐る。海を汚し、水資源にも悪影響が出る。ペロシ議長は弾劾などにうつつを抜かすのではなく、自身の選挙区をどうにかすべきだ[*6]」

トランプ大統領は、聖域州や聖域都市を廃止しない限り、不法移民の取り締まりは難しく、増え続ける犯罪の抑制もできないと考えていた。しかし、米国における州権の力は日本では考えられないほど強い。大統領は、そうした州や都市に対する連邦補助金を止めることで、是正したいと考えていた。地方裁判所はこの搦手《からめて》的な手法を違法としたが、連邦第二高等裁判所はこの判断を覆《くつがえ》し、全員一致で合法とした。トランプ大統領は、何としてでも民主党政治の汚泥《おでい》を浚《さら》おうとしていたのである。

米国民はカリフォルニア州の惨状を知っている。カマラ・ハリスはその責任の多くを負う政治家である。しかし、バイデン新政権でカリフォルニアの浄化は絶望的になった。むしろアメリカ全体のカリフォルニア化が進もうとしている。

＊1：聖域州・都市のリスト
A list of Sanctuary States, Cities and Counties in the U.S., Conservative Momma, April 12, 2019
https://conservativemomma.com/2019/04/12/a-list-of-sanctuary-states-cities-and-counties-in-the-u-s/

＊2：Staggering 2,500 Murders Committed by Illegal Aliens in US 2018, US Politics and News, January 3, 2020
https://www.uspoliticsandnews.com/staggering-2500-murders-committed-by-illegal-

aliens-in-us-2018/

＊3：California Proposition 47
https://ballotpedia.org/California_Proposition_47,_Reduced_Penalties_for_Some_Crimes_Initiative_(2014)

＊4、5：Kamala Harris failed to inform voters of Prop.47's impact on DNA collection, February 16, 2015 The Sacramento Bee,
https://www.sacbee.com/opinion/editorials/article10492628.html

＊6：Bronson Stocking, San Francisco's Homeless Population More Than Doubled, New Data Shows, Townhall, November 22, 2019
https://townhall.com/tipsheet/bronsonstocking/2019/11/22/san-franciscos-homeless-population-more-than-doubled-new-data-shows-n2556945

メキシコ国境の壁建設

民主党の不法移民に対する政策は常に甘かった。正規の手続きに従うよりも、「とにかく米国内に潜入すれば何とかなる」と考える者が増えた。だからこそ、不法移民（民主党の言い換えでは「書類の整っていない移民」）が一〇〇〇万人を超えたのである。それにバラク・オバマ大統領の「優しい政策」が輪をかけた。彼は、不法移民問題とまともに向き合わなかった。「法を変えれば不法移民も適法移民化し、問題が消える」という弥縫策《びほうさく》をとった。国内法を変更し、統計上の定義を変えることで不法移民の数を減らすという姑息《こそく》な手段だった。要するに「不法」の定義を甘くし、国外退去手続きがすでに始まっている不法移民のプロセスさえも停止しようとした（二〇一四年十一月）[*1]。オバマのようなリベラル政治家は、こうした政策こそが、面倒な正規の手続きに従ってやってきた移民への逆差別になることや、不法移民の誘い水になることに思いが至らない。オバマは、この「徳政令」を大統領令によって実施しようと試みた。しかし、連邦裁判所により憲法違反とされ、実行できなかった。

アメリカ・メキシコ国境

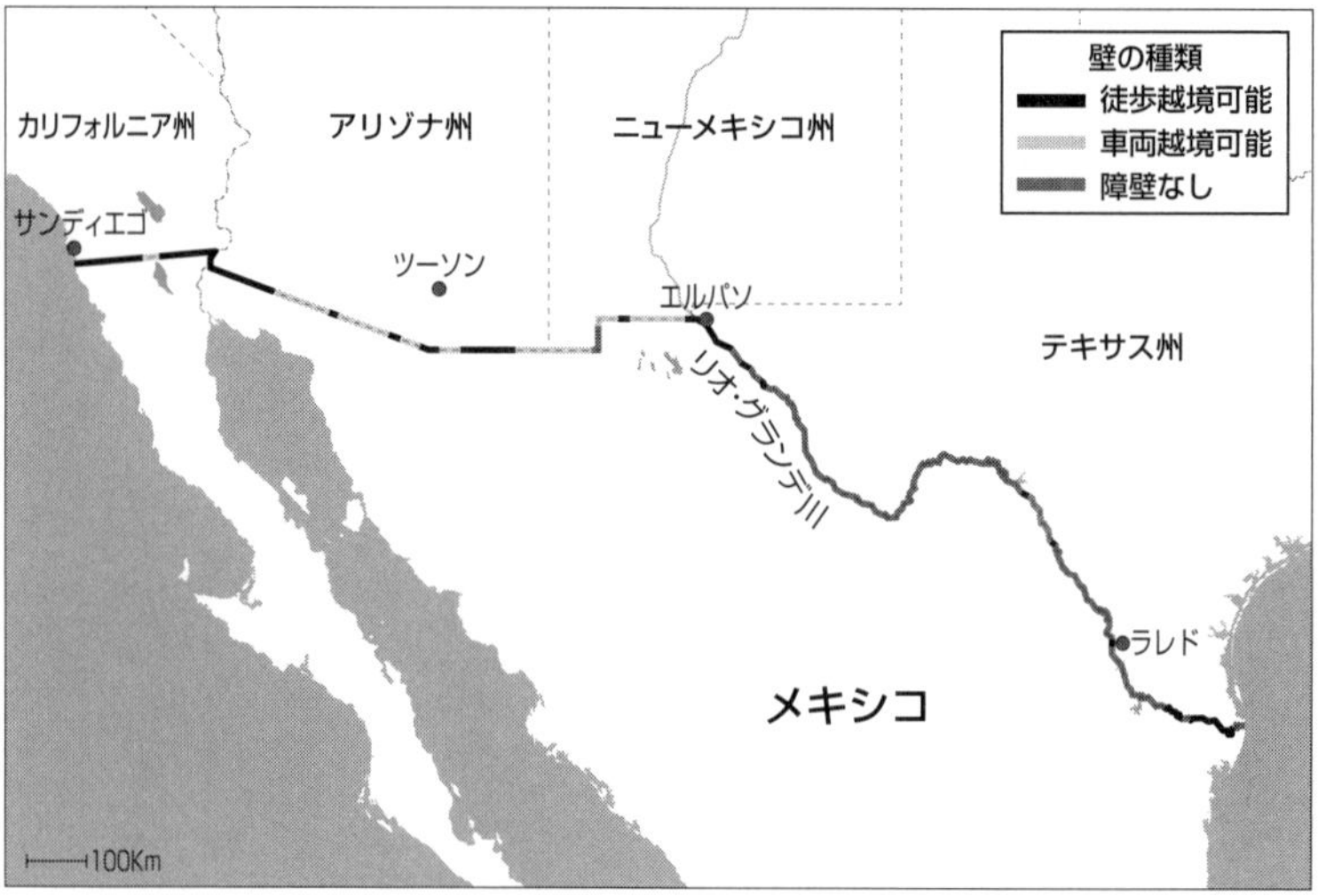

米国民は不法移民のほとんどがメキシコ（墨）国境からやってくることを知っている。彼らの中には、低賃金季節労働者となって大規模農場で働き「それなりの」労働力として機能しているものもいるが、給金は現金とならざるを得ない。違法ドラッグ、人身売買に関わる不法移民も数多い。

不法移民問題を根本的に解決するには、巨額な費用がかかるとはいえ、メキシコ国境に長大な壁を築き、物理的に米国内に不法侵入することができないようにするしかなかった。トランプ大統領は、二〇一六年の大統領選挙では、公約の一つに「国境の壁建設（Build the Wall）」を挙げた。米墨国境の総距離は一九五四マイル（三一四四㎞）におよびカリフォルニア、アリゾナ、ニューメキシコ、テキサスの四州を東西に横断する。

何らかの障害物が設置されている国境は六五〇マイル（約一〇〇〇km）である。トランプ大統領の計画は、現在の障害物も一新し、一気に高さ約六メートルの新しい壁を建設するというものだった。そこに監視カメラ、センサー、ライトなどを備えるのである。トランプ政権は二〇二〇年度中に四五〇マイルの壁の建設を目指し、十月初めにはおよそ三五〇マイルの建設を終えた。

アメリカ・メキシコ国境に建設中の「トランプ壁」を視察するトランプ大統領（2020年6月23日、アリゾナ州）

「トランプ壁」の建設の難しさは、予算措置の問題であった。トランプ政権が手当てできた予算は一八四億ドルである。この額はおよそ九〇〇マイルの壁の建設費用に相当する。ワシントン議会下院は民主党が多数派のため、議会は壁建設予算に五一億ドルしか認めていなかった。差額は、国家安全保障省、ペンタゴンなどの防衛予算や緊急予算から流用したものだった。民主党はそうした予算措置を違法だとして司法判断を求め、妨害を続けてきた。二〇二〇年に入って合法の司法判断が出たため、ようやく建設のピッチが上がってきたのである。

トランプ壁は実際に不法移民の流入に効果を見せて

いる。二〇二〇年六月にアリゾナ州との国境で進む建設現場を視察したトランプ大統領は次のように述べた。

「過去二カ月（二〇二〇年四月、五月）の数字を見ると、アメリカ・メキシコ国境を越えてやってくる不法移民の数は過去最低となった。昨年比で八四％減である[*2]」

米民主党やその工作機関と化した主要メディアは、トランプ壁の建設は、トランプ大統領の外国人嫌い（外国人差別）の象徴であると訴えてきた。しかし、大統領はけっして外国人を差別してはいない。移民は歓迎するが合法的にやってきて欲しいこと、そしてアメリカを愛する新国民になって欲しいと主張しているに過ぎない。

二〇二〇年八月二十五日、新たにアメリカ国民として認められた新移民の門出を祝うセレモニーがホワイトハウスで行なわれた（左頁写真）。少し長くなるが、大統領のメッセージは次のようなものだった。

「今日あなた方はわが国民になりました。それは国民としての崇高な義務を負うことでもあります。国家忠誠のセレモニーがあったが、それはわが国民、わが国憲法そしてアメリカ的生き方に対しても忠誠を誓うことを意味しています。わが国には長い歴史と伝統があります。あなた方は、

新国民を祝うトランプ大統領（2020年8月25日、ホワイトハウス）

それを自分のものとしてとらえて生きていかなくてはなりませんし、次の世代に伝えていかなくてはなりません」

「あなた方がわが国民として得た権利は、わが国民と神によって与えられ、わが国の権利章典（一七九一年施行）によって確かなものになったものです。その権利を今度はあなた方が、国民として支持し守っていかなくてはならない立場になったのです」

「わが国は肌の色の違う全ての人種、異なる宗教や信条を持つ国民によって構成されています。それでもそれぞれがわが国旗に敬意を表し、この国こそが母国だという気持ちを持っています。その心でわが国は一つにまとまることができているのです。今日は本当におめでとう。これからのあなた方と、偉大なるわが国に神のご加護がありますように」

こうした大統領の当然すぎる新国民の誕生を祝う言葉こそが、フランクフルト学派に乗っ取られた民主党が最も嫌悪するものである。彼らにとって、国を愛する新国民は「既存体制に組み込まれて『馬鹿になっていく』愚かな大衆」に過ぎない。しかし、米国民はトランプ大統領の言葉をよくわかっていた。

バイデン政権は、完成間近のトランプ壁の建設を中止した。今後不法移民の数がどう推移していくのか。多くの米国民は固唾《かたず》を飲んで見守っている。[*3]

＊1：Geoff Earle, Obama to spare 5M illegal immigrants from deportation, New York Post, November 20, 2014
https://nypost.com/2014/11/20/defying-gop-obama-spares-5m-immigrants-from-deportation/

＊2：Fox News, June 23, 2020
https://www.foxnews.com/politics/trump-wall-200-mile-mark-southern-border

＊3：二〇二一年三月末時点での情報では、バイデン政権による「優しい移民政策」への変更を期待し、不法移民が国境に殺到している。その実態は、メディアが報道規制しており、よくわかっていないが、現場は「カオス」であるようだ。

第5章

内治混乱、人種分断を煽った民主党の失敗

黒人層の反感を買った民主党の驕り

二〇一六年の大統領選挙では、黒人層のわずか八％しかトランプ大統領に投票していない。しかし、二〇二〇年選挙では一二％がトランプ大統領に投票した。不正票を修正すれば、実際の数字はもっと高かっただろう。大統領選挙期間中、主要メディアは繰り返しバイデン候補リードの世論調査結果を報道したが、筆者はそれらを信用していなかった。主要世論調査会社が、サンプル母数に民主党支持者を意図的に増やしているという疑いもあった。

九月から本格化した地方空港を会場にしたトランプラリー（演説会）の熱狂は凄《すさ》まじく、常に数万の聴衆が集まった。主要メディアは相変わらずカメラをズームアウトしなかったから、会場を埋め尽くす支持者の姿は伝えられなかった。

米国における世論調査の問題は、回答者が本当のことを話さないところにある。調査員に対してトランプ支持をあけすけに語りそれが漏れたら、過激リベラル勢力に知られ、危害を加えられる。調査には民主党支持と答えるのが無難なのである。共和党支持者に襲われる心配はない。

インターネットメディア Right Sideの報道したトランプラリーの支持者（2020年9月25日、バージニア州ニューポートニューズ）

選挙前には、共和党支持者はトランプ大統領の第一期を評価し、同党支持者の九五％前後が大統領再選支持で固まっていた。その一方で、黒人層は、九月初めの複数の調査で、そのおよそ二〇％がトランプ大統領に投票するとの調査が出ていた。*1

Emerson Poll（八月三十一日）
一九％　誤差±二・四％
Democracy Institute/Sunday Express（八月三十日）
一九％　誤差±二・五％
Zogby（八月三十一日）
二〇％　誤差±三・二％

日本のメディアには、「トランプ大統領の黒人層の支持はわずか二割しかない」と報道するものがあったが、二割という数字はすでにこの選挙で、トランプ大統領が地滑り的勝利になる強い可能性を

Donald J. Trump
@realDonaldTrump
Joe Biden's rally. ZERO enthusiasm!
4:44 PM · Jun 19, 2020 · Twitter for iPhone

コロナ禍を「利用」して一般聴衆に向けた演説会を拒否したバイデンの演説会。選ばれた記者が数名のケースが多かった。バイデン陣営の熱狂の欠如を指摘するトランプ大統領のツイート（2020年6月19日）

示すものだった。二〇一六年の選挙ではこの層はわずか八％しか同候補に投票していない。つまり黒人層の九二％がヒラリー候補に投票しながら、彼女は敗北したのである。黒人層のトランプ支持が一二％にでもなれば、民主党候補の当選はないと予想されていた。（ラテン系についても同様の傾向であった。それについては後述）。

　民主党は、黒人層の支持は盤石であると自信を持っていた。しかし、民主党離れのトレンドが明らかになると焦りを見せ始めた。バイデンは、黒人ラジオ番組司会者レオナルド・マックケルヴィのインタビューで、「私かトランプかで迷うようなら、そういう連中（黒人）は、もはや黒人ではない（If you've got a problem figuring out whether to vote for me or Trump, then you ain't Black.）」（二〇二〇年五月二十二日）と言い放ったのはその表れだった。この発言は、ただでさえ圧倒的黒人票の上に胡坐《あぐら》をかく態度に反感を持ち始めていた層を刺激した。トランプ支持を公言していたヒップホップミュージシャンのカニエ・ウェストも強く反発した一人だった。

　この日、「肌の色が黒いからという理由で、バイデン（民主党）に投票しろなどと言われる筋合いはない」とツイートした。

ティム・スコット上院議員（黒人系、共和党：サウスカロライナ州）は、バイデンの言葉に人種差別意識が宿っていることを見て取った。「最高に傲慢《ごうまん》な物言いで怒りが湧いてくる」とコメントした。

黒人層は、民主党の黒人差別の歴史を教育されていない。アブラハム・リンカーンが共和党の大統領であることさえ知らずに共和党を嫌う。黒人隔離政策を首都ワシントンに持ち込んだウッドロー・ウィルソン大統領は民主党である。ハリー・トルーマン大統領も民主党で、KKK（クー・クラックス・クラン）の支持者だった。民主党には長い黒人差別の歴史があった。その事実を黒人層は知らされていなかった。しかし、バイデンのこうした発言で、民主党政治家の心の底に隠れる人種差別思想に黒人層も勘付いたのである。

黒人層の支持率が二〇％になったことで、彼らの行動に劇的な変化が起きた。バッシングを怖れなくなった。トランプ支持を口にすることが自然にできるようになった。それは、ソーシャルメディアに上がる映像で知ることができる。

トランプ支持とバイデン支持の黒人有権者間の論争で、バイデン支持者が必ず口にするのが「トランプは人種差別主義者である」という主張である。しかし、トランプ支持者に「具体的にトランプの人種差別的言動を挙げて欲しい」と迫られると言葉に詰まる。全てメディアがそう言っているからだと返すだけである。筆者は、トランプ大統領の黒人差別発言を聞いた記憶はない。

トランプ政権の経済政策で米国民の全てが、階層や肌の色に関係なく恩恵を受けた。コロナ禍

トランプ支持を堂々と表明した黒人層

に襲われる前の黒人層失業率は史上最低を更新し続けていた。反トランプメディアでさえも、次のように報道していた。

「二〇一九年九月の失業率はラテン系では史上最低の三・九％、アフリカ系も五・五％の最低レベルだった。アジア系（二・五％）も女性層（三・一％）も低い数字だった」（CNBC：二〇一九年十月四日[*2]）

黒人層への恩恵は、トランプ政権の経済政策だけではなかった。トランプ大統領は、黒人系大学への支援にも積極的に取り組み、従前の予算レベルから一七％の増額措置をとった（予算総額一億ドル）。歴代政権でも最高額である。オバマ元政権では八五〇〇万ドルあった予算（ブッシュ政権で手当てした）を廃止していたのである。黒人層は、黒人大統領が必ずしも黒人に優しくなかったことを知った。これまでの共和党政権は黒人層の票を諦《あきら》めていた。しかし、トランプ大統領は、国民全体の底上げを目指しているだけに、この層にも自助の努力を要求しながらも、連邦政府支援を惜しまなかったのである。
「トランプ大統領と共和党は、黒人コミュニティにポジティブなインパクトを与える政策を目に見える形で進めてきた。これまでの民主党がしてこなかったことである」（ニューヨークポスト紙[*3]）

黒人層は、遅まきながら黒人票を当然のように期待する民主党の無作為に気づいた。トランプラリー（全国を回る選挙遊説）でも、「Blacks for Trump（黒人もトランプ支持）」のプラカードが増えた。黒人層の共和党へのシフトはトランプ「第二期政権」でさらに加速し、過半数に近づくはずだった。

キンバリー・クラシック（共和党）。トランプ大統領の支持を受けた

拙著『アメリカ民主党の崩壊 2001-2020』でも書いたが、メリーランド州バルチモアは民主党の政治家に長期にわたって牛耳られていた。この町の「ボス」イライジャ・カミングス下院議員は、ヒラリー・クリントンをEメールスキャンダルから文字通り身を挺《てい》して守り切った。同氏は一九年十月十七日、心臓疾患で死去した。この民主党の牙城に敢然《かんぜん》と挑戦したのが、黒人女性キンバリー・クラシックだった。

彼女は、「民主党政治は黒人コミュニティに何の貢献もしていない、バルチモアの荒廃と高い犯罪率は民主党政治の結果である、黒人層は当たり前のように民主党に投票してきたが、もはやその必要はない」と訴えた。黒人の意識の大きな変化は、彼女の出馬に象徴的に現れている。同市で共和党支持を表に出したら、身体的危険に晒される。それでも、彼女はそれを怖れず共和党員としてカミングアウトした。彼女は落選したが、バルチモアでの民主党離れはこれからも続くであろう。

＊1：Michael Patrick Leahy, Polls: Support for President Trump Surges in Black Community, Breitbart, September 1, 2020
https://www.breitbart.com/2020-election/2020/09/01/polls-support-for-president-trump-surges-in-black-community/

＊2：Maggie Fitzgerald, Black and Hispanic unemployment is at a record low, CNBC, October 4, 2019
https://www.cnbc.com/2019/10/04/black-and-hispanic-unemployment-is-at-a-record-low.html

＊3：Gianno Caldwell, How Trump-not Biden-has helped make black lives better, New York Post, July 4, 2020 https://nypost.com/2020/07/04/trump-not-biden-has-helped-make-black-lives-better/

民主党の左傾化に反発するラテン層

ラテン層（ヒスパニック系）も黒人層同様に、親民主党の投票行動を取ってきた。同層のおよそ七割が民主党の大統領候補に投票していた。二〇二〇年の選挙では六九％とオバマ時代と変わらなかったが、フロリダでは五五％がトランプに投じていた。

二〇一六年
クリントン　六六％　トランプ　二八％
二〇一二年
オバマ　七一％　ロムニー　二七％
二〇〇八年
オバマ　六七％　マケイン　三一％

ラテン系のトランプ支持増加の原因は、黒人層の「民主党はその言葉とは裏腹に黒人層の福祉向上に貢献してこなかった」とは違い、共産主義への強い嫌悪だった。ラテン系には、中南米の社会主義国からの逃亡者（亡命者）が多い。キューバ、ベネズエラなどからやってきた移民は、共産主義体制の恐怖を身をもって経験している。彼らのほとんどがフロリダに住む。それだけに、フランクフルト学派の仕掛けに敏感である。

二〇二〇年五月二十五日、黒人男性ジョージ・フロイドが偽札使用の容疑でミネアポリス市警に逮捕された。抵抗するフロイドは、警官による拘束時に心肺停止し死亡した。警官の拘束方法は、容疑者が物理的に抵抗した場合、頸部《けいぶ》横を気道を確保しながら、膝で押さえるというものだった。暴力的に見えるその様子がソーシャルメディアによって流されると、主要メディアが飛びつき、「警官による人種差別的暴力である」と報じた。見かけ上は確かに荒っぽく見えたが、警官の拘束方法は同市警の容疑者が物理的に抵抗した場合のマニュアルに則《のっと》ったものだった。

翌日のフロイドの司法解剖で、彼の体内から違法薬物フェンタニルが検出されていた。また、頸部や脳内にも生命を脅かす傷害は見いだせないとも報告されていた（死体検案書）。フェンタニルは突然の心肺停止を起こすことが知られている強力な薬物だけに、科学的（医学的）データだけを根拠にすれば、「フロイドは、フェンタニルの摂取により警官の拘束時に突然の心肺停止を起こした可能性がある。警官による過剰な（暴力的）拘束行為の有無の判断は今後の調査を待つべきである」となる。*1

左翼組織は、フロイドの死をただちに利用した。事件のあったミネアポリスでは当該警官の所属する警察署を襲い、火をつけた。暴徒は、近隣の飲食店やスーパーマーケットまで襲撃し、略奪行為に及んだ。反警察を叫ぶ運動は他の都市にも広がった。シカゴ、ニューヨーク、ポートランド、シアトルなどで暴動が起きたが、そうした都市の市長や州知事はそれを傍観した。その典型がシアトルであった。過激派組織ＢＬＭ（Black Lives Matter）やＡｎｔｉｆａ（アンティファ）のメンバーが市内の一角を占拠したが、ジェニー・ダーカン市長（女性民主党市長）は、「夏の愛の祭典だ（Summer of Love）」と言い放ち、警察に排除命令を出さなかった。

左翼勢力はパリコミューン（一八七一年）が好きである。パリコミューンは二カ月で鎮圧されたが、その後の政治に左翼思想を反映させることに成功した。都市の一角を占拠することは、権力への反抗意識を高揚《こうよう》させるらしい。シアトルの左翼組織もそれに倣った。彼らは支配地域から警察を排除し、勝手に銃器を携帯したメンバーが自警団を組織した。占領地域にあった警察署は襲われ、警官は避難し暴徒の行為をそのままにした。市長から強い行為に出ないように指示されていたからである。

ダーカン市長が、ようやく重い腰を上げ「解放区」排除を決めたのは六月の下旬であった。彼女はおよそひと月にわたって左翼勢力の無法を放置した。その間に、銃撃戦もあり十九歳の黒人青年が死んだ（六月二十日）。トランプ大統領はシアトル市長およびワシントン州知事（ジェイ・インスレー知事：民主党）に対し、州兵出動の要請をするよう再三にわたって促したが、二人は

シアトル「解放区」（2020年6月）

動かなかった。州兵の出動は大統領権限だけではできず、州知事の要請が要件だった。

犠牲になった黒人青年の両親に哀悼《あいとう》の電話を入れたのはトランプ大統領だった。青年の両親は、市長からも知事からも何のコンタクトもないなかで、大統領の電話に感謝した。

左翼組織（ＢＬＭ、Ａｎｔｉｆａ）の暴動は、民主党系の首長の町だけを狙って発生した。暴徒は、警察の動きを民主党政治家が抑え込んでくれることを知っていたし、運悪く逮捕されても民主党系団体が準備した資金（保釈金）ですぐに解放されることもわかっていた。暴れる組織の主張は、警察予算廃止あるいは大幅削減だった。こうした組織の動きに合わせるように民主党の政治家は、「削った警察予算から新たにソーシャルワーカーを雇用し、犯罪防止にあたらせろ」と主張した。

これは先に書いたフランクフルト学派の戦術38番（警察の逮捕権限のいくばくかを〈市民組織のような〉社会団体に移譲させる。〈犯罪者の〉問題行動は、精神疾患によるもので、

トランプ大統領支持のラテン系有権者

その矯正は専門の心理学者にしかできないと訴える）に相当する動きである。

ラテン系は、共産主義者のやり方を経験上よく知っている。それだけに、各地で暴れる暴徒の陰に共産主義勢力のあることを感じ取った。彼らは、今次の選挙はもはやこれまでのような保守対リベラルの戦いではなく資本主義の継続を選ぶか、アメリカを社会主義国家にするかの究極の選択であると理解した。

フロリダ州の町ハイアリア（マイアミ郊外、人口約二四万：ラテン系八五％）のラテン系の動きはその象徴であった。この町にはキューバからの亡命者とその子供たちが多い。

「われわれは共産主義からようやく逃れてこの町（ハイアリア）にやってきた。ここではみな共和党に投票する」

「ジョー・バイデンはラテン系のスタッフを増員し、スペイン語の広告を打っている。彼も副大統領候補のカマラ・ハリスもマイアミにやってきてラテン系票を求めて媚《こび》を売っている。奴らの出鱈目《でたらめ》は何度も聞いてきた。もう御免だ*2」

激しく左傾化した民主党への反発は大きかった。フロリダ州ではトランプ大統領が勝利したが、ラテン系の動向からそのことは容易に想定できたのである。

これまではフロリダ州はスイングステイト（選挙結果をあらかじめ想定することが難しい、どちらにころんでもおかしくない州）に分類されていた。これからの選挙では、共和党支持が確実な州となるだろう。

＊1：ジョージ・フロイドの死因についての考察は、月刊誌『Ｖｏｉｃｅ』令和二年九月号「死体検案書と政治」に詳述した。

＊2：Mr.Erickson ブログ
https://mrericksonrules.com/2020/10/02/americans-can-learn-a-lot-from-these-cuban-exiles/

左翼組織BLMの正体　その一

トレイボン・マーティン射殺事件

前節で、ラテン系は共産主義者（組織）の動きに敏感であったと書いた。彼らは黒人差別への反対を叫ぶBLM（Black Lives Matter）が、人種差別反対を隠れ蓑《みの》にした共産主義組織（フランクフルト学派）であることを見抜いていた。日本ではBLMの実態はほとんど知られていない。[*1]

BLMは、トレイボン・マーティン射殺事件をきっかけに組織された。

トレイボン・マーティン射殺事件とは、二〇一二年二月、フロリダ州サンフォード（マイアミ近郊の内陸の町）で、十七歳の黒人高校生が射殺された事件である。射殺したジョージ・ジマーマン（この町の自警団メンバー、当時二十八歳）は直ちに逮捕されたが、五時間の取り調べの結果、正当防衛とされ釈放された。この警察の判断に、釈放は人種差別によるものであり、黒人の命を軽視しているとの声が一気に広がり、全米各地で暴動が起きた。ニューヨークでも、ロサンゼルスでも、幼顔のマーティンの写真をプラカードにしたデモが始まった。

ジマーマンの再逮捕と起訴を求める声が渦巻き、オバマ大統領を筆頭とする民主党の大物政治家もそれに呼応した。フロリダ司法組織も政治家とメディアのプレッシャーに耐えられず、ジマーマンを再逮捕し、第二級殺人（計画性のない殺人）で起訴した。しかし、翌年夏の陪審裁判で無罪評決となった（二〇一三年七月）。警察の当初の判断（正当防衛）が、一般人が陪審員となる裁判でも正しいと追認されたのである。この事件を日本語版ウィキペディア（二〇二一年三月一日閲覧）は次のように書いている。

「トレイボン・マーティン射殺事件とは、2012年2月26日の夜にフロリダ州のサンフォードにおいて、当時17歳だったアフリカン・アメリカンの高校生トレイボン・マーティンを、ヒスパニック系の混血である自警団員だった当時28歳のジョージ・ジマーマンが射殺した事件である。二人は口論をしたのちに、丸腰のマーティンをジマーマンが撃ったのである」

「警察は、ジマーマンからの早いうちの通報から、発砲から2分の内に現場に到着した。その後ジマーマンは警察に拘置され、頭部の負傷の治療を受け、その後に5時間の尋問を受けたのみであった。警察署長によると、ジマーマンが釈放されたのは彼の行為が正当防衛でないと示す一切の証拠が発見されなかったためであり、またフロリダ州における正当防衛法（スタンド・ユア・グラウンド法）では、警察による逮捕が法律で禁止されているためであるという。また、この警察署長は、ジマーマンは致命的な危機に対する正当防衛の適切な権利を持っていたとも述べている」

「この一件は、ジマーマンの逮捕と十分な取り調べを求めるための、何千という抗議の声としてアメリカ全土に広まり、後にブラック・ライヴズ・マターとして人権運動に発展する。ジマーマンの公判は2013年の6月10日にサンフォードにおいて始まり、同年7月13日に陪審はジマーマンに対して第二級殺人などについての無罪を宣告した」

この内容にはいくつかの重要なポイントが抜けている。

事件のあった二〇一二年二月二十六日の夜は雨であった。ジマーマンはこの夜、自宅近くのスーパーマーケットに車で買い物に出た。彼の住む地域は、窃盗などの犯罪が多発しており、警察の指導により自警団が組織されていた。自警団員の彼は、雨の降りしきる中で怪しい人影を見て、警察に携帯電話で通報した。彼は、車から降りてその人影を追った。電話でつながっている警察の担当者の要請によるものだった。警察担当者は、ジマーマンに追跡を続けさせることが危険であると感じたのか、追跡を止めるよう指示した。それに従って車に戻ろうとしたジマーマンの前に、見失った人物が再び現れて揉み合いになったのである。[*2] これが、ウィキペディアが「口論」と書いている箇所《かしょ》である。

若い男はジマーマンより大柄だった（一〇cm背が高い）。ジマーマンが若い男に相当に「やられていた」ことは間違いない。歩道に何度も頭を打ちつけられたせいか、後頭部にかなりの傷があり、鼻からも出血していた。警察官は現場に間に合わなかったが、携帯電話によるやりとりをベースに、状況はおおよそ摑めていた。ジマーマンは、事件後に拘束され、五時間の尋問を受けたが、正当防衛を否定する材料はないと警察は判断した。彼には人種差別的行動はなかったし、政治的にはオバマ大統領に投票したリベラル派だった。この事件には人種差別ファクターがないことを警察はわかっていた。

ジマーマンと「口論」になった若者がトレイボン・マーティンだった。彼はこの夜、ガールフレンドのブリタニー・ダイヤモンド・ユージーンに振られたばかりで、ジマーマンに怪しまれる行動を取っていた時から彼との「口論」の直前まで、よりを戻そうと彼女と携帯電話で話し続けていた。会話があったことは携帯電話の記録でわかっていたが、その内容まではわからない。ユージーンが、携帯電話のやり取りからマーティンが置かれた状況を類推して書き留めたとされる告白書（二〇一二年三月十九日の日付あり）が、検察側から提出された。そこには、「雨の中をコンビニエンスストアに買い物に向かっているところを一人の男につけられ突然に襲われたようだ」と書かれていた。

この内容は、無理を承知で起訴した検察には好都合だった。しかし問題は、ユージーンが証言を拒否したことである（このことや、そのほかのいくつかの事実は後の調査で明らかになったことである：後述）。彼女は告白書にサインはしてはいるが、本文を自身で書いてはいなかった。宣誓下での証言で嘘を言えば、偽証罪となる。彼女はそれを嫌った。本文を書いたのはトレイボン・マーティンの母親（シブリナ・フルトン）で、ユージーンには署名だけをさせていた。

母親は、人種差別だけの理由でジマーマンにつけまわされて射殺された、という「世間の思い込み」に合わせたストーリーを告白書に書き込んでいた。この策謀にはアドバイザーに就いた

トレイボン・マーティン

左翼弁護士ベンジャミン・クランプが関与していた。クランプは、三月二十日（告白書の日付の翌日）に、取材の記者たちを前に、ユージーンへの電話インタビューの録音を公開していた。その音声は、メディアによって全米に伝えられた。

彼らの計画はユージーンが証言を拒否したことで歯車が狂った。オバマ大統領までが彼らのストーリーを信じ、「私に息子がいたら、彼（トレイボン）にそっくりだったかもしれない」（三月二十三日）[*3]と語り、頻発するデモに油を注いでいた。

母親やクランプ弁護士は「妙案」を思いついた。彼らはまず、マーティンと別れ話をしていたのは、「ダイヤモンド・ユージーン」という女の子にした。ファーストネームのブリタニーを外し、ニックネームということにした。したがってその名で実在する人物はどこにもいない。その上で、ブリタニーに成りすませる女性を探した。それがラシェル・ジャンテル（当時十八歳）であった。

警察も検察も、携帯電話の記録や所有者情報を調べ、ジャンテル周辺の聞き込みをしていれば、彼女がユージーンでないことはすぐにわかるはずだったが、そのまま証言台に立たせた。検察側の「スター証人」のパフォーマンスは散々だった。彼女の筆跡は、告白書にあるサイン（ダイヤモンド・ユージーン）とは似ても似つかなかった。ジャンテルは十八歳だったが知的障害があり、自らが書いたはずの告白書にある単純な状況描写もできなかった。彼女は尋問中に罪悪感に襲われたのか、何度も「私は何も知らない」と繰り返していた。陪審員が「告白書は彼女が書いたものではなかろう」との確信を持ったのも、これが原因だった。陪審裁判では有罪無罪の判断は陪審員の全員一致が求められる。陪審員全員が彼女の証言を信じなかったのである。

いずれにせよ、彼女の証言以外に正当防衛を否定する証拠や証言はなかった。陪審員同様、裁判傍聴者のほとんどが、ジャンテルは替え玉らしいということに気づいていた。その一人ジャック・カッシル（ジャーナリスト）は次のように書いている。

「誰もがジマーマンは無罪だとわかっていた。（中略）彼女（ジャンテル）はトレイボン・マーティンと電話で話していた恋人なんかではない。明らかに替え玉だった。それに誰もが勘付いていた。しかし、それを証明することは難しかった[*4]」

ジマーマンが無罪となっても、主要メディアは「人種差別による殺人」との姿勢を変えようとしなかった。マーティンの親族の法律顧問に就いたベンジャミン・クランプ弁護士は、左翼勢力のスターに躍り出た。マーティンの母親シブリナ・フルトンもその名を売り、フロリダ州マイアミ・デイド郡議会に出馬した（二〇二〇年）。その彼女をヒラリー・クリントンが支援した（結果は落選だった）。

この事件で、左翼勢力はジマーマンを有罪にはできなかったものの、勢力拡大には十分すぎる成果があった。その成果の一つが、ブラック・ライヴズ・マター（ＢＬＭ）の創設だったのである（次節で詳述)。

この事件を通じて民主党は、黒人の味方政党の立場を一層気取ることになった。しかし、この虚構は、調査ジャーナリストであるジョエル・ギルバートによって暴かれることになる。ギルバートもジャンテルの証言に強い違和感を覚えていたジャーナリストだった。彼は、携帯電話やフェイスブックなどのソーシャルネットワークの記録を取り寄せ、丹念に本物のダイヤモンド・ユージンを追い、ついに本人を探し出したのである。驚いたことにブリタニー・ダイヤモンド・ユージーンは、証言台に立ったラシェル・ジャンテルの異父妹だった。二人は隣組の関係だった。

ジョエル・ギルバートは、調査をもとにしたドキュメンタリー本を出版した(The Trayvon Hoax：二〇一九年九月)。また彼はブリタニーを突き止めるまでの過程の全てをフィルムに収めていた。その記録はユーチューブに公開された(二〇二〇年四月)[*5]。彼の調査は、替え玉証言を関係者の全て(トレイボン・マーティンの母親、ブリタニー・ダイヤモンド・ユージーン本人および親族、顧問弁護士、検察など)が知っていたらしいことを示していた。

ジマーマンは無罪となったものの、人生は破壊された。人種差別主義者のレッテルを貼られて職を失い、妻にも去られた。彼はギルバートの調査結果を根拠に、関係者全員を相手取って、一億ドルの賠償を求めて提訴した(二〇一九年十二月)。ベンジャミン・クランプ弁護士は『法が許した有色人種へのジェノサイド』(Legalized Genocide of Colored People)なる本を出版していたこともあり、出版社ハーパー・コリンズも被告に含まれている。

法廷で証言するジョージ・ジマーマン（2012年4月20日）

事実を知った黒人層にも憤りが広がった。

「僕は黒人だがフィルムを見て二十分ほどすると怒りが込み上げてきた」

「メディアに対する憤りで一杯だ。（中略）僕は（この事件の頃）十二歳だったが、自分は、黒い肌のせいでどこにいても（白人至上主義者に）追い掛け回されると怯えた（でも怯える必要などなかったのだ）。この事件は僕ら黒人に対する裏切りだ」

「僕は黒人だが、この事件は何か変だと思っていた。このドキュメンタリーはすごい。僕は仲間にはこの事件は正当防衛だと説明するのだが、聞く耳を持ってくれないのが残念だ[*6]」

先に、黒人層のトランプ支持率が急増していることを書いた。この事件に代表されるように、過激左翼勢力（民主党）は平気で嘘をつき、白馬の騎士気取りで黒人層の味方を装い、権力を握ってきた。それがバレた。黒人層は左翼勢力の権力維持に利用されてきたことを悟ったのである。

＊1：Soeren Kern, Black Lives Matter:"We Are Trained Marxist" Part1, Gatestoneinstitute, July 2, 2020
https://www.gatestoneinstitute.org/16181/black-lives-matter

＊2、3、4、6：Jack Cashill, Zimmerman Suit Spells Trouble for Black Lives Matter, The American Spectator, August 12, 2020
https://spectator.org/zimmerman-suit-trayvon-martin-black-lives-matter/

＊5：The Trayvon Hoax
https://www.youtube.com/watch?v=QAw5ykIPOBM

左翼組織ＢＬＭの正体　その二

共産主義者による組織化とオバマ大統領の支援

ＢＬＭは、ジマーマンが無罪評決となったことに憤った女性が立ち上げた組織である（二〇一三年七月）。オークランド（カリフォルニア州：サンフランシスコの北に位置するハリス副大統領の自邸のある町）に住む黒人女性アリシア・ガルザ（当時三十八歳）が、「黒人の仲間たちへのラブレター」と銘打ったメッセージをフェイスブックに乗せて発信した。当時の彼女は、前節に書いた左翼勢力の謀略を知らなかったと思われる。放映されていたラシェル・ジャンテルの証言の模様を自身で確認していたら、少しはその怪しさに気づいていたはずである。ガルザがその模様を自身で見ていたかは確認できないが、いずれにせよ彼女は謀略に見事に踊った（彼女の経歴を考えれば、謀略の当事者の可能性も高い）。

「黒人の仲間たちへ。黒人の命が相も変わらず軽視されていることに驚きます。私たちの命は大切なのです（Our lives matter.）」*1

このメッセージをロサンジェルス在住の黒人女性パトリッセ・カラーズがツイッターに転載し

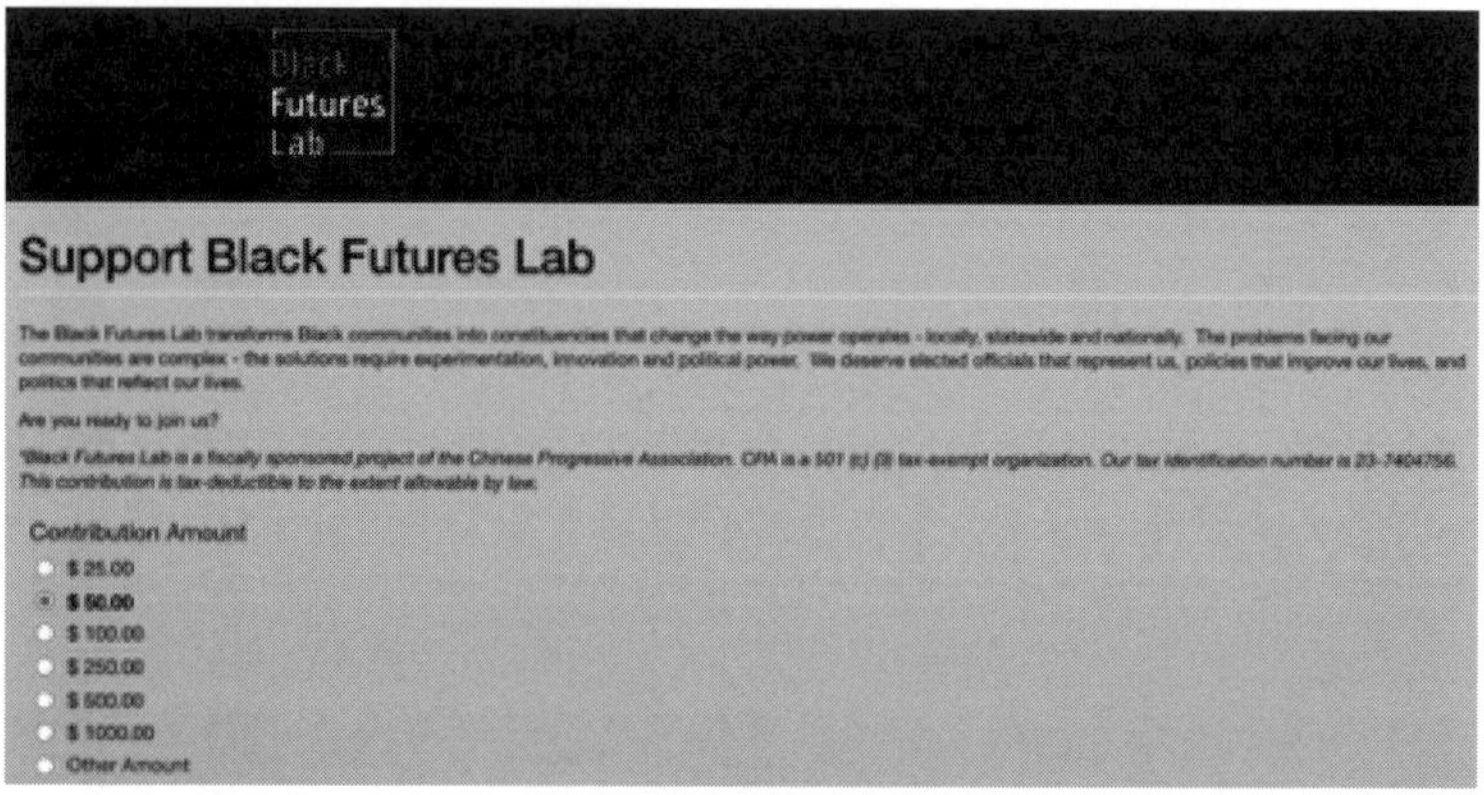

BLMの資金団体ブラックフューチャーラボの献金要請ページ

た。二人の動きに応えたのが、オパール・トメチ（ナイジェリア系移民）だった。トメチは、ホームページ用にＢＬＭのドメインネームを取得し、ソーシャルメディアを通じての組織拡大の基礎（プラットフォーム）を築いた。彼女らは、黒人が白人に殺される事件（特に白人警官に黒人容疑者が殺される事件）が起きるたびに、黒人層の憎しみを煽るメッセージを発信した。それが組織拡大のエネルギーになった。彼らは黒人が加害者になって黒人の命が失われる事件には関心はなかった。この活動は特に若い白人リベラル層の「罪悪感」を刺激した。全米各地に一五の支部ができ、組織は米国だけでなくカナダ、英国、豪州にも拡大した。

　ＢＬＭの活動に共鳴した若者の多くは、ガルザとカラーズが、共産主義者であることを知らなかった。純粋に「人種差別のない社会の創造」に参加したいと思っていた節がある。カラーズは組織拡大にあわせて個人としても有名人になっていった。自らが共産主義者であり、ＢＬＭ運動自体がその活動の一環であることを認めたのは、二〇一五年のことである。ただし、彼女の告白ビデオが世に知られるのは、二〇二〇年に入ってからである。「私たちは共産主義イデオロギーで動いている。私とアリシアは組織化のプロであり、マルクス主義者だ」（カラーズの発言、二〇一五年七月二十二日）[*2]

訓練されたマルクス主義者とはレーニンが訴えた「前衛」、つまり「愚かな大衆を指導する優秀な前衛的知識人」を意味する。この考えが組織に浸透していることは、ＢＬＭ活動家の発言で明らかである。

「この国（米国）が我々の求めるものを提供しないのであれば、システム（注：資本主義の意）を破壊して、新しいもの（注：共産主義の意）に変えればよい。（中略）我々はいかなる手段を使ってでも黒人を解放する」（ＢＬＭ活動家ハンク・ニューサム）[*3]

明らかに人種差別意識を利用した暴力革命の容認と勧奨である。

ＢＬＭは中国共産党とも深い関係にあった。ＢＬＭの下部組織にアリシアが設立したブラックフューチャーラボ（Black Future Lab）がある。免税措置を受けた政治活動資金集めの団体である。右頁がこの組織のサイトにある献金要請のページである。そこには次のように書かれている。

「ブラックフューチャーラボは、黒人コミュニティーを組織化し、権力構造を変化させる活動をしています。活動は州、全国レベルにまで広がっています。この活動を成功させるには多くの課題があります。だからこそ、実験的で創造的な政治活動が重要です。われわれの代表を議員にしなくてはなりません。私たち黒人の生活を改善する政策を必ず実現するのです。ブラックフューチャーラボは、華人進歩会（CPA：Chinese Progressive Association）からも資金援助を得ています。あなたの献金は非課税処理ができます」[*4]

華人進歩会（CPA）は一九七二年にサンフランシスコで設立された。CPAはボストンでの活動も活発である。ボストン支部は中国ニューヨーク総領事館と協力し、中国人の米国入国ビザの獲得や更新に尽力している。その活動を『人民日報』が称賛する。二〇一九年には国慶節（十月一日）を前にして、ボストン市庁舎に五星紅旗を掲揚させることに成功した（九月二十九日）。

こうした活動からもわかるように、CPAは親中国組織として誕生した。労働者の権利を啓蒙し、コミュニティグループ活動を重視したが、それは中国の革命思想宣伝の一環だった。個人のよりどころは家族ではなく共同体であるとして、家族制度を否定した。CPAは、米国内の他の親中共組織と連携した。[*5] BLMは、中国共産党とは直接の関係は持たなかったが、実態は中国工作機関そのものである。

彼らはフランクフルト学派の考えを利用し、「米国には黒人が制度的にそして恒久的に差別される構造が出来上がっている（Systemic Racism）」と訴えた。「米国の政治経済社会に関わる全ての制度をまず破壊しなくてはならない」が彼らの主張となった。具体的には以下の四点を組織目標に掲げた。[*6]

一　キリスト教的コンセプトを基礎にした現在の家族関係を破壊する

BLMを立ち上げた三人の黒人女性（向かって左からオパール・トメチ、アリシア・ガルザ、パトリッセ・カラーズ）。共産主義者であることを公言している

二　警察と刑務所は廃止する
三　トランスジェンダー社会を称揚（一般的異性愛の蔑視）する
四　資本主義社会の廃止を目指す

ＢＬＭの本質を知ってか知らずか、オバマ大統領はこの組織を支援した。本来ならアメリカは黒人の自分でさえ大統領になれる素晴らしい国であると訴えるべきだった。その上で、さらに良い国にしていこうと主張するのが筋だった。しかし、彼はこの組織が民主党の党勢拡大に使えると考え、甘やかした。ホワイトハウスに代表者を複数回招き、黒人差別撤廃について何度も話し合った。

オバマ自身も、フランクフルト学派の思想に影響されていたのである。二〇一一年八月十八日、彼は大統領令１３５８３号[*7]を発令した。これは連邦政府組織全般に、批判的人種論に基づいた人種多様性理論（critical race theory）の教育を義務付けるものだった。

軍隊においてさえ、ＬＧＢＴ（性的マイノリティ）の受容が浸透することになった。そうした施策を肯《がえ》んじないおよそ二〇〇人の軍幹部がパージされた。この大統領令で多額の軍予算が人種多様性理論の教育に費やされ、軍規律が緩み、訓練にも支障がでた。人種多様性理論の本質は、愛国心を奪うことであるから、当然の結果だった。

先に書いたように、オバマ大統領は、黒人である自身が最高権力者に登れるほどに、米国は人種問題には寛容な国であり、そうした国柄を作り上げてきた先人の努力に感謝すべきであると訴えるべきだった。しかし、彼はフランクフルト学派の主張に乗って、制度的人種差別の存在を前提にした政策を推進した。大統領令１３５８３号を根拠にした連邦予算は、当然に左翼組織に流れた。ＢＬＭが短期間に組織を拡大できたのは、オバマ政権の政策の恩恵を受けたからだった。

＊1、2、3、6：Black Lives Matter: "We Are Trained Marxist" Part1
＊4：ブラックフューチャーラボの献金要請ページ
https://cpasf.ourpowerbase.net/civicrm/contribute/transact?reset=1&id=45
＊5：Kaori Tsukada, THE INTERACTION BETWEEN SERVICE AND ORGANIZING: TW-

O HOUSING CAMPAIGNS BY THE CHINESE PROGRESSIVE ASSOCIATION,
Stanford University Undergraduate Honors Thesis, May 26, 2009, p21
https://www.marxists.org/history/erol/ncm-1a/iwk-cpa.pdf

*7：Executive Order 13583-- Establishing a Coordinated Government-wide Initiative to Pr-
omote Diversity and Inclusion in the Federal Workforce
https://obamawhitehouse.archives.gov/the-press-office/2011/08/18/executive-order-
13583-establishing-coordinated-government-wide-initiativ

左翼組織ＢＬＭの正体 その三

騙されたセレブ、気づいたセレブ

人種差別撤廃の主張は、美しい響きを持つ。一般人はそれを主張する団体が、共産主義活動家に指導され、中国共産党と深い関係があることなど知りはしない。ましてや先に書いたトレイボン・マーティン射殺事件の裏に潜む左翼活動家の卑劣な工作に気づくものはほとんどいない。オバマ政権時代、トランプは米国の伝統が溶解《ようかい》している（アメリカが解けていく）空気を敏感に感じ取った。だからこそ、自身のビジネスに不利を承知で大統領選に出馬したのである。

彼はスピーチの中で、「オバマ政権がしっかりした政治をしてくれてさえいれば、私が大統領選に出馬する必要はなかった」と何度も述べている。オバマ大統領の「国柄を破壊する政治」に対するアンチテーゼが「アメリカファースト」だったのである。日本でも、ヨーロッパでも、リベラルメディアは、アメリカファーストはアメリカ一国主義に根差す利己的な主張であると批判する。しかし、本質は共産主義思想（フランクフルト学派）に対する宣戦布告だった。

左翼リベラル勢力（民主党）は、トランプの登場が党勢拡大にいかに不都合かすぐに悟った。

だからこそ、トランプ大統領を何としてでも引きずりおろさなくてはならないと決めた。彼の登場に最も危機感を抱いたのは、八年の「成果」を全否定されることになるオバマ大統領であった。トランプ当選が決まると同時に、「ロシア（プーチン大統領）が大統領選挙に介入した不正義な選挙である」とする偽物語を創造し、トランプ新大統領弾劾を画策した（ロシアゲート事件）。その謀略が不発に終わると、ウクライナへの内政干渉疑惑（ウクライナゲート）を理由にした大統領弾劾工作も仕掛けたが、それにも失敗した。

それでもオバマら民主党勢力は諦めなかった。「人種カード」を使うことでトランプ大統領を貶めると決めた。「トランプは人種差別主義者である」とレッテル貼りすることで、劣勢の挽回を目論んだ。「人種カード」は優しい一般人の心の琴線《きんせん》に触れる。上手にやれば効果的であり、民主党は権力維持にそれを利用し成功してきた。トレイボン・マーティン射殺事件から始まったＢＬＭ組織の拡大は典型的な成功例だった。彼らは「夢よ、もう一度」となる事件の発生を待った。そこに都合よくジョージ・フロイドが白人警官による拘束時に抵抗して死んだ。

ＢＬＭは、こうした事件がいつか起きることを想定して準備を整えていた。事件（二〇二〇年五月二十五日）の起きたミネアポリスでは、ＢＬＭメンバーが暴動を煽り、警察署への放火、近隣の商店の略奪を指導した。暴動は、他の都市にも飛び火した。工事現場でもない都会の真ん中に建築用レンガが放置され、警官隊を襲う「武器」となった。民主党系組織は逮捕者の出ることに備え、保釈金用基金も用意していた。

ジョージ・フロイド事件を「米国の人種差別社会の象徴である」と訴える有名人（俳優、スポーツ選手など）もテレビに続々登場した。彼らは、リベラル勢力の貼ったレッテル「トランプ大統領は人種差別主義者」を信じた。左翼勢力の企みに乗った一人にオオサカ・ナオミ（プロテニスプレイヤー）がいた。筆者は彼女のプレイが好きであるだけに、二〇二〇年USオープンにジョージ・フロイドと書かれた黒いマスクをして登場したときには、いささか落胆した。

彼女は、フロイドが違法ドラッグ・フェンタニルの常習者であり、警官に拘束される際に抵抗し、その時に心肺停止（フェンタニルの副作用）を起こした可能性があることなど知らないだろう。彼女自身が黒人の父を持つだけに、人種差別問題には敏感だったことは理解できる。だからこそ、彼女は、「無辜《むこ》の黒人男性フロイドが警官に殺された」と信じ、彼女なりの優しい心で「フロイドマスク」を着用し、抗議したに違いない。優しい心は利用される。二〇二〇年、彼女はコロナ禍で無観客試合を勝ち抜き、二〇一八年に続き二度目のUSオープンの覇者になった。筆者は彼女の活躍を期待しているだけに、コート上での政治的メッセージの発信は我慢して欲しいと願っている。

スポーツ界でBLMの組織拡大に最も貢献したのは、プロアメリカンフットボール団体NFL（National Football League）だった。NFLはBLM発足当初から、オバマ大統領の施策とシンクロする動きを取ってきた。二〇一七年には一億ドルを人種差別撤廃運動に献金した。その多くがBLMなどの団体に還流したと疑われている。NFLが、BLMが中国共産党と深い関係にある

BLMの行動を支持するNFLプレイヤーのパフォーマンス

ことやその指導者の共産主義思想に気づいているか否かは知らないが、ジョージ・フロイド事件が起きると、直ちに行動を起こした。プレイヤーは国歌斉唱時に胸に手を当てることを拒否し、「米国は人種差別国家である。それに強く抗議する」という意味をこめて、ひざまづくというパフォーマンスを取った（少数だが拒否するプレイヤーもいた）。

フットボールは、米国の国民的スポーツである。しかし、彼らのパフォーマンスに国民は鼻白んだ。秋のシーズン開幕の頃には、全米各地での暴動はＢＬＭなどの過激リベラル組織によって煽られていることに国民は気づいていた。彼らの「警察廃止」のとんでも主張を多くの国民は拒否していた。そうでありながら、ＮＦＬのプレイヤーたちはＢＬＭを支持したのである。

国民の反発は、テレビの視聴率に現れた。二〇二〇年九月十四日、人気チームであるダラス・カウボーイズ対ロサンジェルス・ラムズの試合があった。放映したNBCの視聴率は前年比マイナス二八％の激減となった。

トランプ大統領は次のようにツイートして不快感を顕わにした。

「国民には国歌にも国旗にも敬意をもって欲しいと思っている。（プレイヤーのパフォーマンスで）NFLの視聴率はこれからも下がるだろう」（二〇二〇年九月二十日）[*1]

ハリウッド映画界や音楽界はリベラルの牙城である。それだけに反トランプ感情が強い。よく知られた俳優たちが、次々にメディアに登場し、トランプ批判を繰り広げた。メリル・ストリープ、ロバート・デ・ニーロ、レディー・ガガらがその筆頭である。映画監督のマイケル・ムーアもそうである。

リベラル勢力の強力なハリウッドの映画界や音楽界にあって、役者やミュージシャンは仮にトランプ支持でもそれを口に出さなかった。一方で反トランプを訴えれば、メディアが喜んで取り上げ、露出が増えた。

それでも勇気ある俳優が現れ始めた。ジョン・ヴォイト、クリント・イーストウッド、ロレッタ・リンなどがトランプ支持を明らかにした。スポーツ界ではマイク・タイソン（ボクシング）やデニス・ロッドマン（バスケットボール）らが続いた。さらには、人気ロックミュージシャンのリッキー・レベルもトランプ支持を鮮明にした。彼はトランプ支持者の集会にたびたび参加し、パ

トランプ支持を鮮明にしたリッキー・レベル

フォーマンスを披露する。

タイソンやロッドマンは黒人であり、レベルは同性愛者でLGBT運動の支援者である。「民主党支持者であるべきはずだった」層から次々と反民主党の動きが出た。彼らは、人種差別撤廃運動、あるいは性的マイノリティ称揚運動が、民主党の政治権力拡大の道具にされてきたことに気づいたのである。彼らは、トランプ大統領が人種差別的発言をしたり、LGBT運動を批難したりはしていないことを知っている。彼らの意識はリッキー・レベルのツイートで見て取れる。

「(同性愛者の)僕のことをアンチゲイだと詰《なじ》るものがいて悲しい。これまでもLGBTの仲間たちを支援してきた。ただ僕は、社会主義、共産主義、全体主義、権威主義、マルクス主義、グローバリズムそしてニューワールドオーダーが嫌いなだけなのだ」(二〇二〇年八月六日)*2

＊1：トランプ大統領ツイート
https://twitter.com/realDonaldTrump/status/1307683647147966465
＊2：リッキー・レベルのツイート
https://twitter.com/RickyRebelRocks/status/1291417285786140673

文化マルクス主義（フランクフルト学派）との戦いを鮮明にしたトランプ大統領

各地で暴動を繰り返すＢＬＭ、あるいはもう一つの反政府過激組織Ａｎｔｉｆａなどには黒人層は少なく、若い白人男女の姿が目立つ。彼らは、教育機関に潜り込んだフランクフルト学派の学者たちの教育を受けてきた若者である。先に歴史学者マーク・リラの「米国の伝統を否定する教育つまり被抑圧者の視点からの歴史教育で育った若者は次第に国を素直に愛せなくなる」という警告を紹介したが、ジョージ・フロイド事件をきっかけにした各地の暴動で、それが現実になっていることが一般人にも知られた。

暴徒は、各地で歴史的モニュメントの破壊を始めた。偉人とされてきた人物の銅像が狙われた。クリストファー・コロンブス（バージニア州リッチモンド、マサチューセッツ州ボストン）、ユリシーズ・グラント将軍（カリフォルニア州サンフランシスコ）、ジョージ・ワシントン（オレゴン州ポートランド）などの像が襲われた。過激リベラル市長の町（民主党）ポートランドでのワシントン像の破壊は凄まじかった。台座から外され、うつ伏せにされた像には、汚い言葉が赤いペイントで殴り書きされ、最後には星条旗で包まれて火をつけられた（二〇二〇年六月十八日）。台座にも「ＦＵＣＫ ＣＯＰＳ（警官をやっちまえ）」とスプレー書きされた。

リベラル教育は、建国の父（ワシントン）も、南北戦争を戦い南部の黒人差別の解消に努めた大統領（グラント）も破壊する若者を育てた。半世紀前に、日本でも過激な学生運動が破壊行為を繰り返したが、楠木正成像（皇居前広場）、大久保利通殉難《じゅんなん》（哀悼）碑（清水谷公園）、あるいは靖国神社や東郷神社が襲われるようなことはなかった。米国の過激リベラル教育のすさまじさが理解できよう。

トランプ大統領の堪忍袋の緒《お》も切れた。銅像破壊行為が頻発しているのは、民主党市長や知事の都市ばかりである。破壊行為は犯罪行為であるにもかかわらず、そうした町では逮捕に消極的で、逮捕しても起訴しない事態が続いていた。大統領は、連邦政府所有の像の破壊行為に対して最高十年の刑を定めた法律（Veterans' Memorial Preservation Act）の厳格適用を決めた。銅像破壊行為に民主党もメディアも黙り込んでいた。それだけではない。激しい暴動で家や車が焼かれ略奪行為があっても、「ほとんど平和的抗議活動（Mostly Peaceful Demonstration）だ」と言い張り、ＢＬＭやＡｎｔｉｆａを擁護した。民主党にとって、反トランプの行為の全てが合法なのである。

共和党に代表される保守主義勢力は一般的に現実主義的であり、妥協を目指す政治を続けてきた。リベラル学者の進めてきた反愛国主義教育にも、危機感を持ちながらも、容認してきた。しかし、米国民の多くがそうした甘やかしが自国を愛せない若者を生んだことをはっきりと悟った。

世論の変化を踏まえてトランプ大統領も、リベラル歴史学者の好き放題にさせていた歴史教育の改革を決断した。

二〇二〇年九月十七日、トランプ大統領は「1776委員会」の設置を明らかにした。一七七六年は、米国の独立宣言が出された重要な年である。トランプ政権は、愛国教育を行なうことを決め、文化マルクス主義との戦いを宣言した。民主党の広告塔であるニューヨークタイムズ紙は、二〇一九年から「1619プロジェクト」なる運動を展開していた。一六一九年は北米大陸に初めて黒人奴隷が連れてこられた年である。「米国は人種差別の国である。若者には、その歴史をしっかりと教え込む。そうすればメディアが人種差別主義者とレッテル貼りしたトランプ大統領の再選阻止に有利になる」と考えたリベラル勢力の政治運動だった。

トランプ大統領はこうした歴史教育をもはや許さないと決めた。

「私は近々に新プロジェクト1776を発足させます。愛国的教育のための新組織（1776委員会）です」

「各地の暴徒に私たちは屈しません。彼らは異なる意見を力で沈黙させます。わが国の伝統と価値観を破壊しようとしているのです。（中略）左翼勢力は、嘘でわが国の歴史を捻じ曲げています。ニューヨークタイムズの『1619プロジェクト』がその典型です」

「人種多様性理論（critical race theory）が、学校で無理やり教え込まれています。職場の訓練プログラムにも導入されています。その結果、家族関係も友人との関係もばらばらになってしまいました。マルクス主義に基づく歴史教育で、『わが国はとんでもない人種差別国家である』と教え込まれているのです」

「プロジェクト1776」は、トランプ「第二期政権」の重要施策の一つとなるはずであった。トランプ大統領は、リベラル歴史学者による「国を愛さない教育」の危険性をはっきりと認識していたのであった。

筆者は自国を愛することが他国を理解し、他国をも愛せることになる第一歩であると考えている。愛国教育が軍国主義教育になるという言説は、文化マルクス主義によるおとぎ話なのである。二〇二〇年九月、菅義偉内閣は日本学術会議推薦メンバーから左翼歴史学者の任命を拒否した。日本のリベラル学者による自虐史観教育の排除も、米国の変化を受けての是正だったのであろう。

第6章
本格捜査が始まるはずだった
オバマゲート

選挙日四カ月前に敗戦を意識したヒラリー・クリントンの狂気 その一

今回の選挙でも世論調査の出鱈目さは常軌を逸していた。

二〇二〇年十月一日、トランプ大統領はコロナウイルスに罹患《りかん》し、「今夜、ファーストレディ（メラニア夫人）と私は、コロナウイルステストで陽性になりました。隔離状態に入りすぐに治療を始めます。この困難を必ず克服します」とツイートした。民主党には朗報だった。民主党は、経済回復を遅らせることを狙い、レストランやヘアサロンの営業規制、マスク強制着用、学校でのリモート教育の延長などを求めてきた。

ナンシー・ペロシ下院議長（民主党）は、民主党応援団の筆頭格メディア、ＭＳＮＢＣのインタビューに、「とても残念なことですが、マスクをしないで人ごみに入ればこうなることはわかっていたのです」[*1]とその「喜び」を語った。

大統領はただちにウォルター・リード国立軍医療センター（旧ベセスダ海軍病院）に入院すると、多くの支持者が病院前に集まり、早期回復を祈念して星条旗を振った。彼らの願いに応えるよう

ニューキャスル空港で記者団の質問にマスク姿で応じるバイデン氏（2020年10月12日）

に大統領はたちまち回復し、十月五日には公務に復帰した。コロナウイルスは、糖尿病、高血圧、心疾患あるいはガンなどの病を抱えて免疫系が衰えている高齢者を狙い撃ちする。その一方で健康な体への攻撃力はめっぽう弱い。健康人が感染して亡くなる確率は事故死よりも低い。健康不安のなかった大統領の早期回復は予想されていた。トランプ大統領は公務復帰後直ちに次のようにツイートして国民の応援に感謝すると同時にウイルスに負けてはならないと訴えた。

「体調は回復し気分は上々だ。どうかコロナウイルスに怯えないで欲しい。このウイルスに私たちの生活を破壊させてはならない。このウイルスの正体はわかってきたし、良い薬が複数できている（むやみに怖がる必要はない）。私の体調は二十年前より良いくらいだ」

トランプ大統領からフェイクニュースだと罵《ののし》られているCNNは、大統領の感染を知っていたかのようにタイミングよく大統領入院中に世論調査（九月三十日〜十月四日）を行なった。十月七日に発表された結果はバイデン五二％、トランプ四二％でバイデン候補の圧倒的リードであった。

調査発表の五日後（十月十二日）、バイデンはオハイオ州トレドの駐車場でスピーチした。集まったのは支援者の車がわずか三〇台ほどだった。選挙で勝利するには二つのM（Money, Message）と一つのE（熱狂：Enthusiasm）を満たすことが絶対要因である。バイデンにはEが完全に欠けていた。バイデン一〇％リードの原動力であるはずのバイデン支持者はどこにもいなかった。

世論調査の嘘を最も敏感に感じるのは、おそらくデータを「盛られている」本人であろう。二〇一六年の選挙戦でも、民主党候補ヒラリー・クリントンの圧倒的優位が報じられていた。日本の識者でもトランプ当選の可能性を口にするものは少なかった。しかし、ヒラリー本人は人気の無さをひそかに感じていた。彼女は、国務長官の職務としてのEメール交信に、自宅地下室にひそかに設置したサーバーを使っていた。それによる国家機密漏洩疑惑が大きな問題（Eメールスキャンダル）になり始めていた。それだけに彼女の危機感は強かった。

二〇二〇年九月二十九日、ジョン・ラトクリフ国家情報長官（DNI: Director of National Intelligence）がある文書を秘密解除することを決定した（二〇五頁写真）。長官は、現在一六にも増えた米情報機関の収集情報を総合的に判断する立場である。秘密解除される文書には、ヒラリーやそのアドバイザーらが、トランプに敗れた場合を想定して、新大統領を弾劾する工作をすでに二〇一六年の夏時点で開始していたことが示されていた。

少し長くなるが、長官が発表した文書は次のようなものである。あて先はワシントン議会上院司法委員会委員長リンゼー・グラムである。グラム上院議員（共和党）は、ネオコンの一人だったが、トランプ大統領支持に態度を軟化させた人物である（注：グラムはトランプ敗戦後、再びトランプに冷淡に変わった）。

リンゼー・グラム上院司法委員会委員長殿

貴殿により、FBIのクロスファイア・ハリケーン調査（注：「クロスファイア・ハリケーン」はヒラリーらの陰謀で始まったトランプおよびその周辺の人物に対するFBI調査につけられたコードネーム）についての情報が求められています。これについて以下のような考えに基づき、関連文書の秘密解除を決定し、司法委員会に公開することを通知いたします。

・二〇一六年七月末、複数の（わが国の）情報機関は、ロシア情報機関の分析情報を入手しました。当時の大統領選挙候補者であったヒラリー・クリントンは、民主党全国委員会（DNC）の情報がハッキング（注：WikiLeaksによるDNC幹部のEメール交信情報のリークを指す）されているのは同じく大統領候補であったドナルド・トランプがプーチン大統領およびロシア工作機関と共謀しているからである、と主張していました。司法委員会は、ヒラリーの主張の信憑性が確認できておらず、またロシアの分析情報に誇張あるいは捏造があったのかについても確かめられていないとしています。

・これについては当時の中央情報局（CIA）（ジョン）ブレナン長官による手書きメモが残っています。ブレナン長官は、（ロシア工作に関わる）情報についてオバマ大統領および国家安全保障関係アドバイザーに対しブリーフィングを行なっています。そこには、ヒラリー・クリントンの外交政策アドバイザーの一人がロシア工作機関による大統領選挙介入を訴えることでスキャンダルを創造し、ドナルド・トランプ候補を中傷するアイデアが出されたこと、その案をヒラリー・クリントンが二〇一六年七月二十六日に承認したことを報告したと書かれています。

・（諜報実務にあたる）関係者は、ドナルド・トランプ候補とロシアのハッカーが共謀して大統領選挙に介入していると訴えることで、ヒラリー・クリントン自身の個人メールサーバー使用問題から世間の関心を外すための主張であると聞きつけ、二〇一六年九月七日に、この件についてジェイムズ・コメイFBI長官（当時）およびピーター・ストローク防諜担当副部長補に照会しています。

（ウィリアム）バー司法長官が二〇二〇年九月二十四日付で貴委員会に通知した通り、今回の秘密解除が、現在司法省が別途進めている調査に支障をきたすものではないと判断いたしまし

DIRECTOR OF NATIONAL INTELLIGENCE
WASHINGTON, DC

SEP 2 9 2020

The Honorable Lindsey Graham
Chairman, Committee on the Judiciary
United States Senate
290 Russell Senate Office Building
Washington, D.C. 20510

Chairman Graham,

In response to your request for Intelligence Community (IC) information related to the Federal Bureau of Investigation's (FBI) Crossfire Hurricane Investigation, I have declassified the following:

- In late July 2016, U.S. intelligence agencies obtained insight into Russian intelligence analysis alleging that U.S. Presidential candidate Hillary Clinton had approved a campaign plan to stir up a scandal against U.S. Presidential candidate Donald Trump by tying him to Putin and the Russians' hacking of the Democratic National Committee. The IC does not know the accuracy of this allegation or the extent to which the Russian intelligence analysis may reflect exaggeration or fabrication.
- According to his handwritten notes, former Central Intelligence Agency Director Brennan subsequently briefed President Obama and other senior national security officials on the intelligence, including the "alleged approval by Hillary Clinton on July 26, 2016 of a proposal from one of her foreign policy advisors to vilify Donald Trump by stirring up a scandal claiming interference by Russian security services."
- On 07 September 2016, U.S. intelligence officials forwarded an investigative referral to FBI Director James Comey and Deputy Assistant Director of Counterintelligence Peter Strzok regarding "U.S. Presidential candidate Hillary Clinton's approval of a plan concerning U.S. Presidential candidate Donald Trump and Russian hackers hampering U.S. elections as a means of distracting the public from her use of a private mail server."

As referenced in his 24 September 2020 letter to your Committee, Attorney General Barr has advised that the disclosure of this information will not interfere with ongoing Department of Justice investigations. Additional declassification and public disclosure of related intelligence remains under consideration; however, the IC welcomes the opportunity to provide a classified briefing with further detail at your convenience.

Respectfully,

ジョン・ラトクリフ国家情報長官文書（2020年9月29日付）
万一、トランプが当選したら、ロシアとの共謀による不当な勝利として弾劾する計画は、2016年7月からヒラリーによって練られていたた。他の情報の秘密解除については検討中です。司法委員会が更なる聞き取りを必要とするのであれば、非公開ブリーフィングによろこんで応じます。

ジョン・ラトクリフ
国家情報長官

読者にはこの文書の意味するところはわかりにくいはずである。次節以降の記述でそれを明らかにする。

＊1：New York Post, Oct. 2, 2020

選挙日四カ月前に敗戦を意識したヒラリー・クリントンの狂気　その二

前節の内容でわかる通り、ヒラリー・クリントンおよびその陣営は、個人メールサーバー利用のEメールスキャンダル（注：このスキャンダルの詳細については拙著『アメリカ民主党の崩壊2001-2020』に書いた）によるダメージが相当に深いことを感じていた。彼らは、敗戦に備えて、この大統領選挙には「ロシア（プーチン大統領）の介入があった」として、早くもトランプ大統領弾劾を計画していた。この頃も主要メディアの調査では、ヒラリー候補の圧倒的優勢が報じられていた。世論調査と候補者本人の感覚は二〇一六年選挙においても大きくずれていた。

前節で書いたように、ヒラリー・クリントンが、トランプとロシアが共謀して大統領選挙に介入していると訴えることでトランプを中傷する計画を承認したのは、二〇一六年七月二十六日のことであった。七月三十一日、FBIはクリントン案に沿ってトランプ陣営の捜査を開始した。政府高官でもないヒラリーの影響力の凄まじさがわかる。捜査については、FBI上層部は知っていたが、中堅幹部の中には知らされていないものもいた。だからこそ捜査が開始されてひと月以上経った九月七日に、現場からコメイ長官とピーター・ストローク防諜担当副部長補に照会があったのである。コメイもストロークも親民主党（親ヒラリー）のディープステイト官僚だった。

こうしてＦＢＩ捜査が民主党の権力維持の道具としてフル回転を始めた。本来であれば、ヒラリーが主張する「トランプ候補とロシアの共謀」情報の信憑性の確認作業から入るべきであったが、共謀の存在を初めから事実とみなし、トランプ陣営に対する捜査（クロスファイア・ハリケーン）が開始された。より正確に言えば、ディープステイト官僚がすでに始めていた作業をヒラリーが承認して本格化させたのである。

諜報の世界では国家機関以外にも多くの民間企業が営利事業として関わっている。諜報のプロがそうした会社を立ち上げ、諜報情報を商売にしている。その一つに英国で設立されたオービス（Orbis Business International）なる会社があった。[*1] 同社は、英国情報組織ＭＩ－６の元スタッフであったクリストファー・スチールによって二〇〇九年三月に設立された。米国にもおなじような性質の情報会社フージョンＧＰＳ社があった。こちらは元ジャーナリスト（ウォールストリートジャーナル）のグレン・シンプソンとその二人の友人が立ち上げた会社である（二〇一一年）。スチールとシンプソンは二〇〇九年頃から親交があり、両社は相互協力関係を築いていた。[*2]

クリストファー・スチールのオービス社は、その設立とほぼ同時に、英国サッカー協会から調査依頼を受けた。同協会は国際サッカー連盟（ＦＩＦＡ：Fédération Internationale de Football Association）の腐敗を問題視しており、その実態調査を依頼した。[*3] 二〇一〇年夏、スチールは、

左：クリストファー・スチール元MI-6エージェント（オービス社）
右：グレン・シンプソン（フージョンGPS社）

並行的にこの案件を追っていたFBIユーラシア組織犯罪担当ローマ支局に調査情報を提供している。彼の調査情報はそれなりの価値があったらしい。FIFAの汚職は二〇一五年に立件された。この年の五月二十七日、FIFA幹部がスイス司法当局によって逮捕されたのである。容疑は、二〇一〇年南アフリカで開催されたFIFAワールドカップ誘致に関わる収賄であった。オービス社からの情報に価値があったことは、FBIが二〇一四年から一六年にかけて九万五〇〇〇ドルをスチールに支払っていることでわかる。[*4]

スチールは、二〇一〇年頃、米司法省高官ブルース・オー（Bruce Ohr：後の司法省副長官補）と知り合っている。スチールは、MI-6時代は対ロシア防諜担当であった。おそらくオーのルートだと思うが、二〇一三年頃から二年間に渡り米国務省はスチールからロシア情報の提供を受けていた。彼の情報はオバマ政権の国務省高官には重宝だったらしく、複数の限られた幹部のもとにそのレポートが届けられていた。そうした一人に国務省次官補ビクトリア・ヌーランドがいた。彼女の夫は、『アメリカ民主党の崩壊 2001-2020』にも書いたように、ネオコンの大御所論客ロバート・ケーガンである。

「二〇一四年から一六年にかけて、スチールはロシアおよびウクライナに関わるおよそ一〇〇通のレポートを書いている。このレポートはある民間人の依頼によるものであったが、米国務省にも提供され、省内では広く読まれていた。彼の情報は当時のジョン・ケリー国務長官およびビクトリア・ヌーランド次官補にも届けられた。彼女は、ロシアのクリミア併合およびウクライナ東部への秘密侵攻計画に対処する対ロ外交責任者だった[*5]」

＊1：Andrew C. McCarthy, Ball of Collusion, Encounter Books, 2019, p26

＊2、3、5：クリストファー・スチールと米国情報機関および米司法省の関係は以下に依った。
Jeff Carlson, Christopher Steele Timeline, themarketswork, May 27, 2018
https://themarketswork.com/2018/05/27/christopher-steele-timeline/

＊4：Madeline Osburn, FBI Handed Over Classified Information To Spy Christopher Steele,

The Federalist, February 14, 2020
https://thefederalist.com/2020/02/14/report-fbi-handed-over-classified-information-to-spy-christopher-steele/

民主党全国委員会とフージョンGPSの契約

諜報情報サービス提供会社にとって、大統領選挙は大きな商売の機会である。政党は対抗候補のスキャンダルを欲しがる。フージョンGPSが民主党全国委員会（DNC）に「営業」をかけたのは二〇一六年三月初めのことである。「営業」のターゲットは同委員会と法務サービス契約を結んでいたパーキンス・コイエ（Perkins Coie）法律事務所であった。フージョンGPSは、トランプ陣営に関わる情報提供サービスをオファーした。翌四月、同社はパーキンス・コイエ事務所を通じてDNCとの契約締結に成功した。同月末にはクリントン選挙キャンペーン陣営も党とは別個にフージョンGPSのサービス利用を決めた。[*1] 同社は、二〇一二年の大統領選挙でも共和党候補者ミット・ロムニーに不利になる情報提供サービス契約を民主党と結んでいただけに信用があった。[*2]

営業に成功したフージョンGPSの動きは素早かった。四月から五月の時期にかけてクリストファー・スチールと反トランプ情報提供契約を結ぶと同時に、先述の司法省高官ブルース・オーの妻ネリーを雇い入れた。六月に入ると、FBIのピーター・ストローク防諜担当副部長補は、（おそらくブルース・オーの紹介で）クリストファー・スチールと会っている。[*3] スチールの第一回報告書がフージョンGPSに提出されたのはこのしばらくあとのことだった。内容は直ちにストロークにも伝えられた。

六月二十日付第一回報告書（三枚つづり）の冒頭にサマリー（要約）がある（二一四頁写真）。そこには次のように書かれていた。[*4]

・ロシア政権は、過去少なくとも五年以上にわたって、トランプを支援している。その狙いは西洋諸国の同盟の離反（注：NATO諸国の結束弱体化の意）にあり、プーチンが承認している。

・ロシアは、トランプの不動産ビジネスに有利な条件を付け誘惑しているが、それに対しては断っているようである。しかしながら、クレムリンからもたらされる民主党の政治家などの政敵に関わる情報を彼（トランプ）及び彼の周辺人物は受け取っている。

・ロシア諜報関係者によれば、FSB（注：ロシア連邦保安庁）は、彼のモスクワでのビジネスを通じて彼を脅迫できる立場を確保しているようだ。他の複数の情報源によれば、彼のモスクワでの行動の中には性的変態行為も含まれる。その行為（注：女との出会いの意）はFSBが手配し、モニターされていた。

・ヒラリー・クリントンに不利な情報が書かれた文書は、ロシア諜報機関が長期にわたって収集したものであり、彼女のモスクワ訪問時の会話盗聴記録および（通常業務時の）電話盗聴記録に基づいている。ただし、何らかの恥ずかしい行為がクリントンにあったという類のものではない。当該文書は、プーチンの命令を受けて、クレムリンのスポークスマンである（ドミトリー）ペスコフの管理下にある。この文書は、海外（の関係者）にはまだ示されていない。トランプにも渡っていない。この件についてのロシアの考えはまだ明確になっていない。

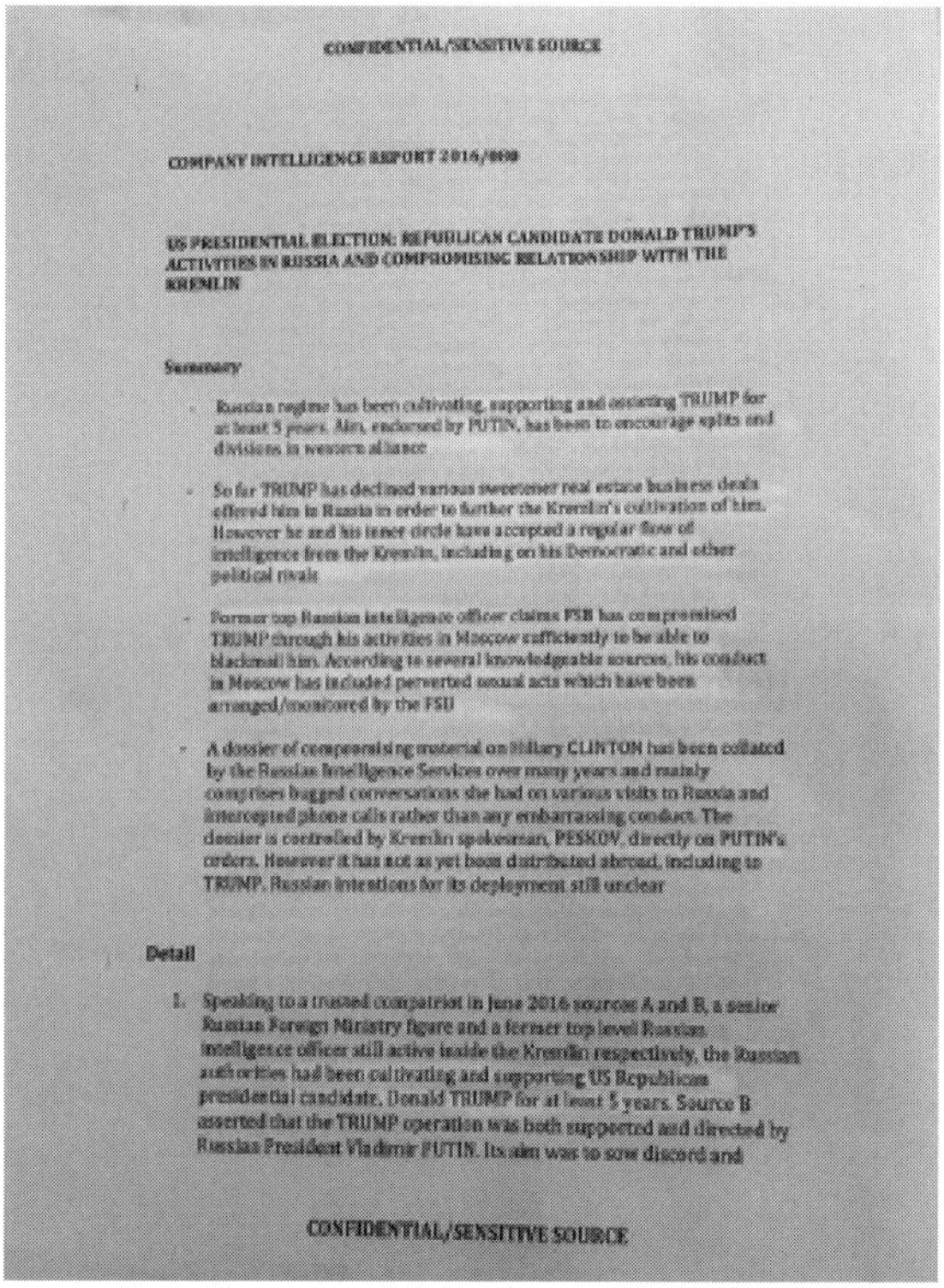
CONFIDENTIAL/SENSITIVE SOURCE

COMPANY INTELLIGENCE REPORT 2016/080

US PRESIDENTIAL ELECTION: REPUBLICAN CANDIDATE DONALD TRUMP'S ACTIVITIES IN RUSSIA AND COMPROMISING RELATIONSHIP WITH THE KREMLIN

Summary

- Russian regime has been cultivating, supporting and assisting TRUMP for at least 5 years. Aim, endorsed by PUTIN, has been to encourage splits and divisions in western alliance
- So far TRUMP has declined various sweetener real estate business deals offered him in Russia in order to further the Kremlin's cultivation of him. However he and his inner circle have accepted a regular flow of intelligence from the Kremlin, including on his Democratic and other political rivals
- Former top Russian intelligence officer claims FSB has compromised TRUMP through his activities in Moscow sufficiently to be able to blackmail him. According to several knowledgeable sources, his conduct in Moscow has included perverted sexual acts which have been arranged/monitored by the FSB
- A dossier of compromising material on Hillary CLINTON has been collated by the Russian Intelligence Services over many years and mainly comprises bugged conversations she had on various visits to Russia and intercepted phone calls rather than any embarrassing conduct. The dossier is controlled by Kremlin spokesman, PESKOV, directly on PUTIN's orders. However it has not as yet been distributed abroad, including to TRUMP. Russian intentions for its deployment still unclear

Detail

1. Speaking to a trusted compatriot in June 2016 sources A and B, a senior Russian Foreign Ministry figure and a former top level Russian intelligence officer still active inside the Kremlin respectively, the Russian authorities had been cultivating and supporting US Republican presidential candidate, Donald TRUMP for at least 5 years. Source B asserted that the TRUMP operation was both supported and directed by Russian President Vladimir PUTIN. Its aim was to sow discord and

CONFIDENTIAL/SENSITIVE SOURCE

2016年6月20日付　スチール文書表紙（サマリー部分）

この報告書は、後に出鱈目であることが判明するが、反トランプ勢力を喜ばせた。裏を取る作業なしで（報告内容が事実だとして）捜査が開始された。そして、先に書いたように、七月三十一日には、ＦＢＩはヒラリーの「承認」をうけてトランプ陣営の捜査を正式に開始した。

ＦＢＩはスチールの報告書を基に捜査を正式発足させたと書いた。彼らは裏付け捜査をしていない。スチール文書は、現在では出鱈目であることは明らかになっているが、議会の調査過程でもＦＢＩがなぜ「裏を取らずに」捜査を本格化させたかは謎であった。捜査関係者の態度がずさんであったという解釈が一般的である。しかし、より大きなスケールで、トランプ候補（当時）を陥れる罠が、国務省、司法省、ＦＢＩ、ＣＩＡなどに潜んでいたディープステイト官僚によって早い時期から仕掛けられていたのである。

つまり、スチールがフージョンＧＰＳに雇われる以前から、ディープステイト主導で反トランプの情報収集作業が始まっていた。そしてその情報をクリストファー・スチールに流し、第三者による調査情報の体裁を整えさせたのではないかと考えられるのである。要するにマネーロンダリングならぬ「諜報情報ロンダリング」にスチールを利用したのである。「ＦＢＩが、スチールの情報源であった」からこそ、スチール文書に書かれた内容の裏を取る必要がなかったと疑われる。

次節以降でこの推論の根拠を述べる。読者はそこに現れる人物や組織、そしてそれらの関係性の地球規模の広がりに驚くに違いない。

＊1〜3：Jeff Carlson, Timelines, Paul Manafort, Fusion GPS & Illegal Surveillance, themarketswork, February 03, 2018
https://themarketswork.com/2018/02/03/timelines-paul-manafort-fusion-gps-illegal-surveillance/

＊2：Matthew Yglesias and Andrew Prokop, The Steel Dossier, explained, Vox, February 2, 2018
https://www.vox.com/2018/1/5/16845704/steele-dossier-russia-trump

＊4：The Steele Dossier
https://www.scribd.com/document/369319684/The-Steele-Dossier

トランプ陣営に採用された若き外交アドバイザー

ジョージ・パパドプロス

外交の世界で活躍したいと願う若者は多い。米国の場合、国務省職員に採用されずとも活躍の場は広がっている。そのルートの一つが有力シンクタンクあるいは大手法律事務所（ロビイスト）に勤務しながら、外交政策の研鑽を積み、政党あるいは有力政治家の外交アドバイザーになる道である。そうした立場を確保すれば国務省高官への横滑り採用も期待できる。第2章で扱ったジョン・ボルトンもそうした経歴で出世を遂げた。彼は法律事務所勤務から有力政治家のアドバイザーを経て国務省高官の立場を獲得した。

同じようなルートで出世の道を探っていた若者にジョージ・パパドプロス（一九八七年生）がいた。二〇一五年末、共和党大統領候補選（共和党予備選）に出馬する有力者は、選挙に関わる人材の募集に忙しかった。彼らは候補者間で行なわれる討論会で外交政策について相応の発言が期待される。それだけに選挙スタッフには外交に知見のある人物が必要となる。しかし高名なコンサルタントを雇うまでの金銭的余裕はない。こうしたケースでは、「これからの若手」を募集する。彼らは、高い報酬は望めないが、それなりの貢献が認められれば出世の糸口が摑めることを知っている。応募する若者は野心家でありモチベーションも高い。

共和党大統領候補の一人ベン・カーソン（黒人脳神経外科医：トランプ政権住宅都市開発長官、トランプ新大統領政権移行チームメンバー）もそうした若い人材を募集していた。有力シンクタンクであるハドソン研究所（Hudson Institute）研究員だったパパドプロスはそれに応募し採用された（二〇一五年十二月）。しかし、カーソンのキャンペーンは低迷したためわずか六週間（報酬八五〇〇ドル）で解雇となった。[*1] カーソンは三月には予備選から脱落した。

解雇となったパパドプロスは、ロンドンのシンクタンクＬＣＩＬＰ（London Centre of International Law and Practice）に採用された。彼がいかにして英国所在のＬＣＩＬＰとのコンタクトをつけたのかはわからない。ＬＣＩＬＰでは天然資源・エネルギー部門を任された。ロンドンに赴任し働き始めたが、三月初めには予備選で勢いをつけていたドナルド・トランプ陣営が新しく若手外交アドバイザーを募集していることを聞きつけ応募した。

パパドプロスは、三月半ばローマにあるリンク・キャンパス大学で開かれたセミナーに参加した。この大学は、一般の大学ではない。米国ＣＩＡの資金が入っているエージェント（スパイ）養成機関である。教官はＣＩＡやイスラエルの諜報機関から派遣されていた。[*2] パパドプロスがなぜこのセミナーに参加したか（させられたか）もよくわかっていない。いずれにせよ彼はここである人物と出会う（三月十四日頃）。ジョセフ・ミフサド（Joseph Mifsud、一九六〇年生）である。

ミフサドはヨーロッパ・中東外交案件を「飯のタネ」にする外交フィクサーだった。「ミフサドとは何者」かを調査したワシントンタイムズ紙（ワシントンポスト紙ではない）によれば、彼の主な収入源は以下のようなものであった。*3

1　マルタ共和国外務省
2　ロンドン外交アカデミー（London Academy of Diplomacy: 現在閉鎖）：英国外務省との深い関係あり
3　LCILP（パパドプロスの雇用主）
4　リンク・キャンパス大学（講師）

クライアントの性質からもわかるように、ミフサドは英米両国だけでなくヨーロッパ中近東諸国の外交関係者とも深い交流があった。

パパドプロスとミフサドのローマでの邂逅《かいこう》の一週間後（二〇一六年三月二十一日）、トランプ陣営は外交政策チームのメンバーを発表した。そこにパパドプロスの名があった。トランプは自ら、「彼（パパドプロス）は、エネルギー石油関係のコンサルタントで最高の人材（excellent guy）である」と説明した。この時期のトランプ陣営には、外交政策に関わる人脈は薄く、限られた人材プールしかなかった。無名のパパドプロスを何者かが彼のチームに推薦したのであろう。悪意（謀略）の有無は不明だが、彼が外交政策チームメンバー（無給ボランティア）に採用されたことで、工作の歯車が確かに動いていたことがわかる。

　この三日後（三月二十四日）、ミフサドはロンドンに戻っていたパパドプロス（三月十七日ロンドン帰着）に会った。ミフサドは、若いロシア人女性を帯同していた。パパドプロスには、プーチン大統領の姪であると紹介したらしい。後にわかることだが、彼女はオルガ・ポロンスカヤ（三十歳あるいは三十二歳）という名のサンクトペテルブルクにある酒類販売会社のマネージャーであり、プーチンとは無関係の女だった。パパドプロスは、プーチンの姪であるとの触れ込みを信じた。ミフサドは、ロシアを何度も訪れていることもあり[*4]、ロシア人脈があっても不自然ではなかった。

＊1：Brian Whitaker, The George Papadopoulos File: a timeline, October 21, 2019

＊2：Fabio Giuseppe Carlo Carisio, Link University, CIA' s Agents Factory in Rome amidst Scandals, Veterans Today, September 17, 2020
https://www.veteranstoday.com/2020/09/17/link-university-cias-agents-factory-in-rome-amidst-scandal-easy-degrees-for-cops/

＊3：Rowan Scarborough, Mystery of Joseph Mifsud key to Trump-Russia probe origin, The Washington Times, October 20, 2019 https://www.washingtontimes.com/news/2019/oct/20/joseph-mifsud-identity-called-trump-russia-probe-o/

＊4：Ball of Collusion, p129

罠に嵌まるパパドプロス その一

ヒラリーのメール漏洩情報

すでに書いてきたように、トランプ候補はネオコンの対ロシア外交を批判し、対ロ宥和政策に切り替えると訴えていた。それだけに野心のあるパパドプロスにとって、ロシアとの濃密なコネクションの構築は財産となる。ミフサドは、外交の世界で出世を望む若者の心理をわかっていた。自身をロシアコネクション構築に使える人物であるとパパドプロスに信用させるのは容易だった。

三人はその後頻繁にメールの交信を続け、ロシア政府高官との接点づくりの策を打ち合わせた。怪しい女性ポロンスカヤは、「前にも言ったように私たちはMr.トランプと良好な関係が築ける可能性を得て喜んでいます。彼が（共和党の）正式候補になった時点でロシアにお招きしたいと考えています」とメールした。[*1] 彼女のメールはミフサドが書いていたらしい。[*2]

パパドプロスは、ロンドンでのこの状況をトランプ陣営の上司に伝えていた。パパドプロスへの指示は、「コミットメント〈トランプ候補とロシア高官〈プーチン〉との会談〉はできないが、探

トランプ陣営の安全保障担当チームの一員に加わったジョージ・パパドプロス

りの作業は続けろ。Great Work だ」（後の米司法省の調査資料[*3]）というものだった。パパドプロスは運気の上昇を感じたに違いなかった。

三月三十一日、トランプ陣営の国家安全保障担当チームの会合がワシントンであった。そこにはパパドプロスの顔があった。彼は、ワシントンにとどまらず再びロンドンに戻り、ミフサドを通じてトランプ・プーチン会談の可能性を探り続けた。

パパドプロスが正式にトランプチームの一員に加わると、ミフサドの工作にも拍車がかかった。ロンドンに戻ったパパドプロスが自らモスクワを訪問したい意向を持っていることは、繰り返されたメールの内容でわかっていた。四月十一日、ミフサドは次のようにパパドプロスにメールした。

「あなたのロシア訪問の意向は了解している。私は今月十八日にヴァルダイクラブ会議出席のためにモスクワに飛ぶ。デュマ（ロシア議会）の会議にも出席予定だ[*4]」

ヴァルダイクラブ（Valdai Discussion Club）は二〇〇四年にロシアで設立された、世界の知識人を集めた政策提言機関である。十二日には二人はロンドンのアンダスホテル（Andaz Hotel）で密会し何事かを打ち合わせた。

ミフサドがヴァルダイクラブのメンバーであることは、彼の評価の高さ、そして人脈の広さの証拠だった。四月十八日、ミフサドはヴァルダイクラブの幹部イワン・ティモフィーフを紹介したいとパパドプロスにメールで伝えてきた。ティモフィーフはロシア国際問題評議会（Russian International Affairs Council）の幹部（Director）でもあった[*5]。

パパドプロスは紹介を受けたティモフィーフと直接のメール交信を開始した。四月二十二日には早くもロンドンあるいはモスクワでのトランプ・プーチン会談の可能性を協議した。四月二十五日、パパドプロスはワシントンの上司に次のように報告した。

「（トランプ候補の）準備ができた段階で、ロシア政府はプーチン大統領によるトランプ招待を進めたい意向です。場所はニュートラルな町であるロンドンなら忌憚《きたん》ない意見交換が期待できるのではないかとのことです[*6]」

ここまでの動きは、功名心にはやるパパドプロスを信用させる「撒き餌」だった。優秀な学者であり、肩書上も影響力のありそうなティモフィーフだったが、プーチン・トランプ会談を実現できるほどの大物ではなかった。[*7] パパドプロスを十分に信用させたミフサドが彼をアンダスホテルでの朝食に誘ったのは四月二十六日のことである。彼は、ここで本物の「針の付いた餌」をパパドプロスに仕掛けた。

「モスクワでロシア政府高官と会った。ロシア政府はヒラリー・クリントンの泥（dirt）を握っていることを知らされた。彼らはヒラリーのEメールの内容を摑んでいる」。これが「針の付いた餌」であった。要するに、ヒラリーが自宅地下に設置したサーバーから発したメールをロシアがハッキングしていたと伝えたのである。この情報はパパドプロスにとっては功名を得る最高の材料だった。彼は、ワシントンのチームに、プーチン大統領が時宜を得たトランプ・プーチン会談を望んでいることは間違いないと報告した。

パパドプロスののめり込みとは対照的に、ワシントンのチームは冷静だった。ロシア情報には関心を示したが、トランプ・プーチン会談には警戒的だった。チームメンバーの中には外交の裏を知っている者がいただけに、当然の警戒を示しただけかもしれないが、ミフサドがヒラリーの泥を示唆するだけで、Eメールの写しなどの具体的な証拠をパパドプロスに提示していなかったことに違和感を持った。[*8]

ここまでのミフサド（および彼の背後にいるグループ）の行動から筆者は以下のように推理して

いる。

「ヒラリーの個人サーバー利用による交信はオバマ大統領自身も知っていた。この問題は、国家機密漏洩となる犯罪である。彼らは、機密がロシアに漏れていることは確実だと考えた。ヒラリー（およびオバマ）は、このダメージを可能な限り軽減しながら、トランプ候補を貶める奇策を考えた。それが、『トランプはロシアと共謀して政敵を貶めるためにヒラリーのメールを能動的にハッキングさせていた』というストーリーである。個人サーバー使用問題は、ケアレスミスとして謝罪しながら、より大きな犯罪がトランプと敵国ロシアの共謀で進んでいたと国民に思い込ませる。これに成功すれば、ヒラリーは機密漏洩の犯罪から免れると同時に、トランプを葬ることができる。ネオコン外交（対ロ強硬外交）の継続も可能になる」

＊1：Alana Goodman, Revealed: Russia's middle-man who introduced Trump campaign official to 'Putin's niece' and offered dirt on Hillary is London-based European Union expert who trains diplomats, daily mail online, October 30, 2017

＊2：Judicial Watch Receives Originating FBI "EC" Electronic Communication-The Start of Crossfire Hurricane,May 20, 2020 https://theconservativetreehouse.com/2020/05/20/judicial-watch-receives-originating-fbi-ec-electronic-communication-the-start-of-crossfire-hurricane/

＊3、4、6：Brian Whitaker, The George Papadopoulos file: a timeline, November 10, 2017(last update: October 21, 2019)

https://medium.com/@Brian_Whit/the-george-papadopoulos-file-a-timeline 5c699c3aae4b

＊5：ヴァルダイクラブＨＰのIvan Timofeev　紹介ページ

https://valdaiclub.com/about/experts/3111/

なお、ジョセフ・ミフサドの画像は同ＨＰで確認できる（二〇二一年三月末閲覧）。

＊7：Ball of Collusion,p130～131

＊8：同右、p131

罠に嵌まるパパドプロス その二

怪しげな豪州外交官とウィキリークス

自身のモスクワ訪問の可能性などを含めたメール交信をミフサドらと進めている中で、パパドプロスは不思議な人物と会っている。五月十日、ハイドパーク近くのワインバー（Kensington Wine Rooms）で、アレクサンダー・ダウナーと話し込んだ。ダウナーは、元豪州外務大臣（任期：一九九六〜二〇〇七年）で、当時は駐英高等弁務官（大使格、任期：二〇一四〜二〇一八年）であった。ダウナーは、ヨーロッパ外交関係者と深い交流があり、英国の大手情報（諜報）サービス会社であるハクルートアンドカンパニー（Hakluyt & Co.）の顧問（advisory board）でもあった。

ハクルート社の顧問の一人にルイス・ズースマン（Louis Susman）がいる。*1 ズースマンは、元米民主党全国委員会の幹部であり、同党の選挙資金調達の大物であった。論功行賞でオバマ大統領により駐英大使（任期：二〇〇九年七月〜二〇一三年四月）を務めたこともあった。ハクルート社が米民主党系の情報サービス会社であることが推して知れる。

ダウナーは、ヒラリー・クリントンとも深い関係にあった。クリントン基金（Clinton

Foundation）は、世界のエイズ患者を救うという名目で世界各国で資金調達をしていたが、オーストラリアからの献金募集に貢献したのがダウナーである。同国で二五〇〇万ドルを集めたのは彼の功績だった。*2 いずれにせよ、ダウナーは米民主党およびヒラリー・クリントンに極めて近い人物であった。そのダウナーが、まだトランプ陣営の無給ボランティアに過ぎないパパドプロスに接触したのである。ダウナーをパパドプロスに紹介したのはイスラエル外交関係者だったようだ。

ダウナーによればワインバーでの会話の中で、パパドプロスはヒラリー・クリントンのメールをロシアが保有していると漏らしたとされている。パパドプロスはこれを否定している。この日の会談内容をダウナーはキャンベラの本省に報告した（二〇一六年五月十一日付）。その詳細は削除されているが、上がその報告メールの写しである。

一方、ミフサドは、五月十三、十四

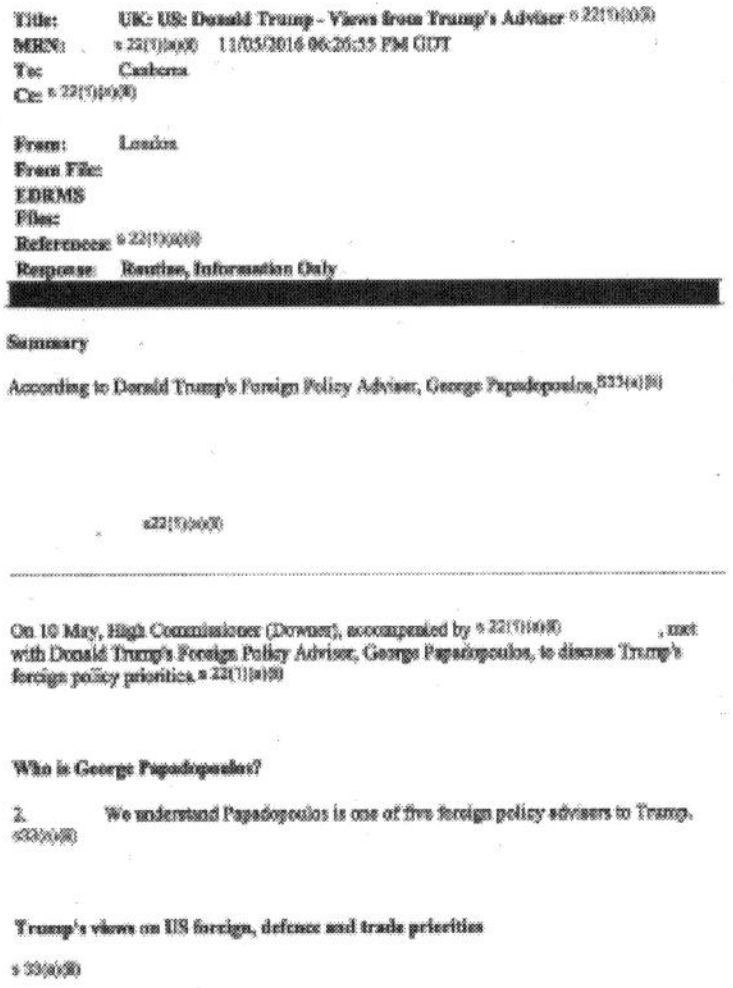
Title: UK: US: Donald Trump - Views from Trump's Adviser s 22(1)(a)(ii)
MRN: s 22(1)(a)(ii) 11/05/2016 06:26:55 PM GMT
To: Canberra
Cc: s 22(1)(a)(ii)

From: London
From File:
EDRMS
Files:
References: s 22(1)(a)(ii)
Response: Routine, Information Only
[redacted]

Summary

According to Donald Trump's Foreign Policy Adviser, George Papadopoulos, s 33(a)(iii)

s 22(1)(a)(ii)

On 10 May, High Commissioner (Downer), accompanied by s 22(1)(a)(ii), met with Donald Trump's Foreign Policy Advisor, George Papadopoulos, to discuss Trump's foreign policy priorities. s 22(1)(a)(ii)

Who is George Papadopoulos?

2. We understand Papadopoulos is one of five foreign policy advisers to Trump. s 33(a)(iii)

Trump's views on US foreign, defence and trade priorities

s 33(a)(iii)

5月10日のパパドプロスとの会談内容を本省に伝えたダウナーのメール（5月11日付）。「パパドプロスは5人のトランプ外交アドバイザーの一人である」との記述が見える日にかけて、針の付いた餌に食いついたパパドプロスを本格的に「仕留め」に掛かった。そのことはパパドプロスがワシントンの上司に宛てたメールでわかる。十四日付のメールには、「ロシア政府は、Mr.トランプの招待に前向きなようです」と書き、五月二十一日には、「Mr.トランプとのミーティングを望むロシア政府の要望」と題するメールを発信した。[*3]

しかし、ワシントンのチームは相変わらず用心深かった。「DT（ドナルド・トランプ）は、招待を受けない。そのことを、あえて低いレベルにある政策メンバーから伝える必要がある」と返している。[*4]本当のターゲット（トランプ候補本人）を釣る餌針に、トランプ陣営は食いつかなかった。諦めきれないパパドプロスは、六月から八月半ばにかけて、トランプ本人とプーチン会談が駄目であれば、幹部レベルでの交流の可能性がないかを探った。しかしそれも徒労に終わった。トランプ候補を嵌めようとした勢力は、トランプ・プーチン会談（あるいはトランプ陣営幹部とロシア政府高官）のセットアップに失敗した。

そうしたなかで、七月二十二日、ウィキリークスが、民主党全国委員会委員長ジョン・ポデスタが送受信したメールを公開した。ウィキリークスによる公開メールはオバマ、ヒラリーあるいは民主党幹部には深刻な内容を含んでいた。当時は、ヒラリーの個人サーバー使用による国家機密漏洩問題の調査が進んでいた時期であった。ミレニアムレポート[*5]は、民主党陣営にとって痛手となった一〇〇のメール（ウィキリークス公開）をリストアップしている（二〇一六年十月二十九日）。

その筆頭に挙げられたのが以下のメールである。[*6]

From:cheryl.mills@gmail.com
To: john.podesta@gmail.com Date: 2015-03-07 21:41
Subject: Fwd: POTUS on HRC emails

we need to clean this up - he has emails from her - they do not say state.gov

-------- Forwarded message -------- From: Nick Merrill <nmerrill@hrcoffice.com> Date: Sat, Mar 7, 2015 at 6:39 PM Subject: Fwd: POTUS on HRC emails To: Philippe Reines <pir@hrcoffice.com>, Heather Samuelson < hsamuelson@cdmillsgroup.com>, Cheryl Mills <cheryl.mills@gmail.com>

発信者はヒラリーのチーフスタッフ（顧問弁護士相当）のシェリル・ミルズ、受信者がジョン・ポデスタで、日付は二〇一五年三月七日である。彼女は、次のようにメールしていた。

「何とかしなくてはなりません。彼（オバマ）は彼女（ヒラリー）からのメールを受信しています。彼女のメールには state.gov（のドメインネーム）が付いていないのです」

このことは、オバマ大統領自身が、ヒラリーが国務長官業務を個人サーバーを使って行なっていることを知っていたことを意味していた。要するに、ヒラリーの国家機密漏洩疑惑の共犯としてのオバマの責任が大きく浮上することに民主党幹部は慌てたのである。ウィキリークスからの漏洩情報で、ヒラリーの個人犯罪からオバマ大統領を巻き込むオバマゲートに発展する恐れが高まっていた。

ウィキリークスによるジョン・ポデスタメールの公開が始まって四日が経った七月二十六日、ダウナーは友人である米国駐英大使マチュー・バーズン（Matthew Barzun）に、自身が五月十日にパパドプロスと交わした会話内容を知らせると決めた。*7 バーズンは、オバマの選挙活動資金の獲得に才能を見せ、その論功行賞でズースマンの後任（駐英大使）となった人物である。彼はCNET幹部の立場をうまく利用して選挙資金募集を成功させていた。CNETは、インターネット情報メディアであり、現在はCBSが子会社化している。日本の事業は朝日新聞社が継承している。ダウナーは、この日、自ら米国駐英大使館に出向きバーズン大使との会談を望んだ。しかし大使は休暇中で不在だった。ダウナーは、パパドプロスとの会話内容をエリザベス・ディビー公使に託した。*8

筆者は、ダウナーはより早い段階で、米民主党関係者あるいは個人的面識のあるヒラリーに五月十日のパパドプロスとの会話内容を伝えていたと考えている。その情報をもとに、クリストファー・スチールは第一回報告書（六月二十日）を作成したのではなかったか。七月二十六日のダウナーの米国大使館訪問は、「やらせ」の可能性が高い。先に、トランプとロシアの共謀を探る捜査プロジェクトは七月二十六日にヒラリーが承認し、七月三十一日に正式に開始となったと書いた。ダウナーの米駐英大使館訪問の日にヒラリーの承認があったのである。

この日、ダウナーはバーズン大使の不在を知っていたはずである。それにもかかわらず自ら足を運んで米国大使館を訪れた。おそらく悪だくみの勢力は、スチール報告書だけでクロスファイア・ハリケーン捜査を開始させることが不安だったのであろう。同盟国豪州の外交筋からの公式な情報提供を受けての捜査である、との言い訳を用意しておきたかったのではなかったか。[*9] 電話やメールだけでもすむ話だったが、「物理的に」訪問することで、ことが重大であるとの印象を作れると考えたに違いない。

＊1、2：Ball of Collusion,p133
＊3、4：The George Papadopoulos File: a timeline
＊5：The Top 100 Most Damaging Wikileaks, October 29, 2016

http://themilleniumreport.com/2016/10/the-top-100-most-damaging-wikileaks/

＊６：Wikileaks

https://wikileaks.org/podesta-emails/emailid/31077#efmAABABT

＊７：Ball of Collusion,p135

＊８：同右、p136

＊９：同右、p140

ＦＢＩを利用したトランプ陣営の盗聴とミューラー委員会設置

ここまでの記述でわかるように、トランプ陣営は、パパドプロスを通じて仕掛けられた「針の付いた餌」に食いつかなかった。もちろん、パパドプロスの行動は法を犯すものではない。そうでありながら、オバマ政権（およびヒラリー）はクロスファイア・ハリケーン計画をＦＢＩ高官（ディープステイト官僚）と共謀して開始した。

十一月八日、オバマ大統領およびヒラリーの怖れていた最悪の事態が現実となった。ヒラリーはこの日、ドナルド・トランプに敗北したのである。こうなれば何としてでも、「トランプはプーチンと共謀して不正な選挙で当選した」というかねて用意の「奇策」を成功させなくてはならない。彼を弾劾して大統領の座から引きずり降ろさなければ、ヒラリーによる秘密漏洩疑惑はオバマ自身の疑惑でもあることが露見する。

オバマらはこの日に備えて、「針の付いた餌に食いつかなかった」トランプ大統領を何としてでも「針にかける」ことを企てた。クリストファー・スチールに書かせた報告書を材料にして、トランプ陣営のスタッフを継続監視すれば、必ず「ボロ」を出してくれるに違いない。それがオバマらの期待だった。彼らはトランプ本人の直接的盗聴はできないが、トランプ陣営のスタッフをＦＢＩに監視盗聴させることで、間接的にトランプの動きを探ることにした。

米国民に対する監視盗聴には特別に設置された裁判所の許可が必要だった。許可は十月二十一日に下りた。米国は一九七八年に外国情報監視法を成立させていた。米国内における外国勢力のスパイテロ活動を防止するためであれば、米国民を対象とするスパイ活動を認める法律である。ただそのためには、外国情報活動監視裁判所（ＦＩＳＡ裁判所）に申請し許可を得なくてはならない。

ＦＢＩは、トップダウンで申請を決め、許可を得た。申請の根拠はスチール文書であった。「裏の取れていない」文書を基に裁判所を「騙して」許可を得たのである。スチール文書作成の費用がヒラリー陣営から出ていることを裁判所に説明していないからである。トランプ陣営幹部に対する諜報はトランプ大統領本人に対する盗聴を合法化したも同然だった。自国の諜報組織が、上司である大統領（になる人物）を監視する異常な事態に進展していた。

ＦＩＳＡへの申請はトップダウンだったことはわかっている。当時のＦＢＩの法務副顧問（Deputy General Counselor）トリーシャ・アンダーソンの議会証言（二〇一八年八月）によれば、彼女の決裁前に上位の役職者（サリー・イエイツ司法省副長官およびアンドリュー・マッケイブＦＢＩ副長官）がすでに申請を承認しており、アンダーソンは追認を求められただけだった。

ＦＩＳＡによる諜報活動は最長三カ月を期限として認められる。期限が過ぎたら延長申請が必要となる。申請は三度繰り返された。

第一回延長申請　二〇一七年一月十九日
第二回延長申請　同年四月十九日
第三回延長申請　同年七月十八日
ＦＩＳＡ監視捜査期限切れ　同年十月十六日

黒い勢力は、トランプ政権になれば親民主党（親ヒラリー）の実務官僚は徐々に排除されていくことが気がかりだった。実際、ビル・クリントンに見いだされて出世したロレッタ・リンチ司法長官（彼女とビルのフェニックスでの怪しい会談については『アメリカ民主党の崩壊　２００１－２０２０』で詳述）は、トランプ大統領就任式の日（二〇一七年一月二十日）に辞任した。一月三十日には、彼女の代理を務めていたイエイツ副長官が解任された。大統領本人を監視対象にするクロスファイア・ハリケーン計画の露見も時間の問題だった。

彼らは、親民主党高官が排除された後もトランプ大統領を対象にした捜査を継続させなければならなかった。その苦肉の策が特別調査委員会の設置だった。仕掛けたのはジェイムズ・コメイＦＢＩ長官であった（彼とネオコンとの関係も前掲書に詳述）。二〇一七年一月六日、コメイ長官は、トランプタワーに出向き、大統領就任直前のトランプにブリーフィングした。そこでクロスファイア・ハリケーン計画が進行していることを説明した。根拠はスチール文書であること、捜査対象は彼のスタッフメンバーであると伝えた。しかし、コメイはクリストファー・スチールと民主党勢力（ヒラリー陣営）との関係にも、外国情報監視法に基づいた捜査であることにも触れなかった。[*1]つまり真の捜査対象がトランプ本人であることを隠したのである。

コメイのブリーフィング内容はたちまちメディアに漏らされた。FBI関係者がリークしたのである。リーク先は反トランプの急先鋒メディアCNNであった。一月十日には、CNNがコメイ長官のブリーフィングがあったことを伝え、その数時間後にはもう一つのリベラルメディアBuzzFeedがスチール文書を公開した。BuzzFeedの記事は次のように始まっていた。

「この文書は、まだ確認されてはいないが、極めて重大な内容を含んでいる。ロシア政府は長年にわたって、これから大統領となるドナルド・トランプを育てそして支援してきたというのである。この情報は数週間にわたって（ワシントン議会の）議員、諜報関係者あるいはジャーナリストの間に広まっていた[*2]」

新政権移行前に堰《せき》を切ったように、トランプとロシアの共謀を疑わせる「機密情報」が次々と漏洩した。「オバマ政権の高官たち、つまりジョン・ブレナンCIA長官、スーザン・ライス国家安全保障担当大統領補佐官、サマンサ・パワーズ国連大使らの周辺から米国民（注：トランプ周辺のスタッフ）に関わるインテリジェンス情報が洩れた」[*3]のである。

特にコメイFBI長官のリークが目立った。彼はトランプとの会話を全てメモし、友人のダン・リッチマン（コロンビア大学法学部教授）に伝えた。リッチマンはコメイの指示に従ってその情報をニューヨークタイムズ紙にリークした。[*4]当初はコメイを信用していたトランプ大統領だったが、次第に疑いを強めた。大統領がコメイを解任したのは五月九日のことである。

民主党やメディアは、コメイの解任は、トランプが自身の疑惑から逃れるためであるとのストーリーを国民に流した。この頃は国民の多くが世論工作（大統領とロシアの共謀）を信じていた。民主党の後押しと世論の追い風を受けて、トランプ嫌いの司法省高官ロッド・ローゼンスタインが動いた。彼は解任されたイエイツ副長官の後任だった。ローゼンスタインは、コメイ解任のわずか九日後の五月十七日、トランプ大統領を調査対象とする特別調査委員会の設置を声明した。トランプ大統領に事前の報告はなかった。コメイが大統領との会話をリークしたのは、大統領の犯罪を調査する特別調査委員会設置の正当性を世論に訴えておきたかったのである。彼らの作戦は成功した。

ミューラー特別調査委員会の設置を決めたロッド・ローゼンスタイン

ローゼンスタインは、調査委員会委員長にジェイムズ・コール元司法副長官（任期：二〇一〇〜二〇一五年）をあてる予定だったが、あまりにオバマ色が強いことからロバート・ミューラー元ＦＢＩ長官をあてた。彼もトランプ嫌いだったが、コールほどには目立たなかった。

クロスファイア・ハリケーン捜査はあくまでも諜報捜査であった。しかしミューラー特別調査委員会の設置は刑事事件に「格上げ」されたことを意味していた。[*5] オバマら民主党勢力が狙うトランプ大統領弾劾計画の本格始動である。ミューラーは諜報の専門家ではなく刑事事件捜査のプロだった。しかし、相変わらずその疑惑の根拠はスチール文書だけであった。

＊１：Ball of Collusion,p323
＊２：BuzzFeed, January 10, 2017
https://www.buzzfeednews.com/article/kenbensinger/these-reports-allege-trump-has-deep-ties-to-russia
＊３：Ball of Collusion, p324
＊４：同右、p341
＊５：同右、p349

何も出せなかったミューラー特別調査委員会捜査とフリンのその後

ミューラー特別調査委員会の構成は驚くほど偏向していた。六月に入って明かされた調査チームのメンバー全てが民主党系の人物だった。トランプ大統領はその顔触れに憤った。

「国民は、アメリカ政治の長い歴史の中で最大の魔女狩りを見ることになる。調査チームには利害関係のある連中が入っている」（トランプ大統領二〇一七年六月十五日ツイート）[*1]

なかでもアンドリュー・ワイズマンは危ない人物だった。彼は司法省の刑事事件を扱う部門のリーダーであり、熱狂的なヒラリー信者だった。二〇一六年十一月八日の選挙の日、彼がヒラリー大統領誕生を祝う（はずの）パーティー会場にいたことからもそれがわかる。彼の捜査手法の特徴は、ターゲットの周囲の人物をまず落として本丸に迫るものだった。狙われた人物が思う通りの告白をしなければ、あるいは有罪を認めなければ、その親族を微罪（税法違反など）で締め上げる。ターゲットが莫大な弁護費用に音を上げるのを待って有利な証言を引き出すのである。

余談になるが企業会計関係者にとって、国際企業会計事務所アーサー・アンダーセンの崩壊は衝撃的だった（二〇〇二年）。同社はエンロン社（テキサスにあったエネルギー企業）の粉飾決算に加担したとして捜査された。その過程で、資料破棄などで公務執行妨害となり顧客を次々失い破綻した。これも先述したプロセス犯罪の一種で、「嵌められた」のである。この捜査を担当したのがワイズマンだった。アーサー・アンダーセンは二〇〇五年には連邦最高裁で無罪と裁定されたが、時すでに遅かった。

ミューラー特別調査委員会の調査手法もワイズマンのいつものやり方だった。すでに書いたように、トランプ大統領およびその関係者は「針のついた餌」には食いつかなかった。従って、トランプ大統領とロシア（プーチン大統領）が共謀し不正な選挙で大統領に当選したというシナリオを裏付ける証拠はなかった。そうした中で調査委員会は落としやすいターゲットを選んで有利な証言を引き出そうとした。彼らが狙った一人が先に書いたマイケル・フリンであった。

フリンは、確かに、ＦＢＩのインタビュー（二〇一七年一月二十四日）でロシア大使と話したことはないと「虚偽」証言した。しかし、二人の会話そのものに犯罪性はない。したがって「虚偽」証言であっても、そこには悪意もなく記憶違いという範囲以上のものではないと見なすのが常識であった。後にＦＢＩ捜査員の尋問時のメモが公開されたが、「フリンが意図的に我々をだまそうとしているとは考えられない[*2]」と記されていた。

そうでありながら二〇一七年十二月一日、フリンは有罪を自ら認め捜査への全面協力を約束した。彼は、徹底抗戦しようとすればできたが金銭的に無理であった。自宅の売却を余儀なくされたとの報道もあり、国家相手の裁判で根を上げたのである。さらにフリンの息子にもプレッシャーがかけられていた。フリンには同名の息子がいた。彼は父の経営する諜報情報関連会社の幹部だったが、その会社が外国政府を顧客にしていることを報告していないとして締め上げられたのである。これも手続ミスを使ったプロセス犯罪の創作だったが、起訴されれば莫大な弁護費用がかかる。FBIは、有罪を認めればそちらの捜査はしないと強い圧力をかけた。[*3]

主要メディアは、フリンが罪を認めたとの報に沸いた。現実には、実質のない「虚偽」証言であり、それがフリン（トランプ陣営）とロシアとの共謀を示す内容ではないことは明らかだった。メディアは、フリンとキスリャク大使の会話があった時期をあえて曖昧にして報道した。あたかも、二人の会話が、大統領選挙期間中にあったかのような印象操作を行なった。その典型がブライアン・ロス（ABC）のツイートだった。

「爆弾情報！　フリンは、トランプおよびトランプファミリーに対して不利な証言をするようだ。トランプは、フリンに対してロシアと接触するよう指示したという内容の証言になろう」（二〇一七年十二月一日）

すでに第2章3節で詳述したように、フリンとキスリャク大使のコンタクトは選挙戦後であり、フリンが捜査当局に協力すると約束したことが、トランプに不利な証言をすることになるとは誰にも言えないはずだった。党派性の強い「ジャーナリスト」のあくどい手口だった。

ミューラー特別調査委員会は、二〇一九年五月二十九日、トランプ陣営とロシアの共謀はなかったと結論付け解散した（報告書の発表は三月二十四日）。この調査に要したコストは三二〇〇万ドルにも上った。民主党はその結果に落胆した。諜報機関を駆使し、政治ライバルを葬ろうとした民主党（旧オバマ政権幹部）の企みはここで潰《つい》えた。

フリンの新弁護士シドニー・パウエル、FBI捜査の違法性にアグレッシブに挑戦する戦術をとる

二〇一九年六月十二日、フリンはこれまでの弁護チームを解任し、新弁護士にシドニー・パウエル（元連邦検事）を採用した（右写真）。彼女の弁護方針はアグレッシブである。ＦＢＩに、多くの証拠開示を請求し、捜査そのものに悪意（違法性）があったことを証明する方針をとった。二〇二〇年一月十四日には、有罪を自ら認めたフリンの行為そのものも否認する方針に切り替えた。三月十五日には、この裁判に距離をおいてきたトランプ大統領も全面的恩赦の可能性をほの

めかした。
「ＦＢＩはフリンの人生と彼の素晴らしい家庭を破壊した。そしていま彼らは（パウエル弁護士に要求されている）証拠書類を紛失したと主張している。なんて都合の良い言い訳だ。私は彼を完全に恩赦にして解放することも考慮している」（二〇二〇年三月十五日ツイート）
四月二十九日、二〇一七年当時のＦＢＩ防諜担当責任者ビル・プリースタップ（Bill Priestap）の残していた手書きメモが公開された。
「我々の今回の捜査目的は何なのだ。真実の追求か？　それとも彼（フリン）に嘘をつかせて起訴し解任させることなのか？」[*4]
五月七日になると司法省は、起訴取り下げの意向を示した。
さらに怪しい動きが続いた。九月十三日、ワイズマンらミューラー特別調査委員会の旧捜査チーム全員の携帯電話記録が全て破棄されていたことが判明した。全員が「誤って（accidentally）」記録を削除したと主張した。
トランプ大統領は、今回の選挙選を通じて、「ワシントンの泥はとてつもなく深い」と憤りを顕わにしていた。読者にはその意味がよくわかるに違いない。

この問題の難しさは米国だけの「膿」ではないことである。英国にも豪州にもディープステイト官僚が跋扈しているからである。パパドプロスもFBIの二度のインタビュー後に偽証罪で逮捕された（二〇一七年七月二十七日）。シドニー・パウエル弁護士は、司法省に対してパパドプロスを陥れる役割を果たしたジョセフ・ミフサドの携帯電話の内容を公開するよう証拠開示請求をかけた（二〇一九年十月十五日）。司法省はすでに彼の携帯電話を入手しているのである。パウエル弁護士は、フリン事件がより大掛かりな世界的スケールの疑獄の一局面であることに気づいている。

この章では、限られた紙幅の中で、反トランプ勢力の策謀を描写した。この疑獄は、かつてリチャード・ニクソン大統領失脚につながったウォーターゲート事件のスケールをはるかに上回る。ここでの記述は、疑獄の表面を軽く撫でた程度に過ぎない。オバマやディープステイトは、トランプ第二期政権の阻止に成功した。これでオバマの犯罪には当分メスは入らないことになった。ジョージ・ソロスらのワンワールド主義者と民主党は、全力でオバマを守ったのである。

トランプ大統領は退任直前、フリンの恩赦を決めた。

＊1：Robert Mueller Team of Investigators: Full List of Lawyers https://heavy.com/news/2017/06/robert-mueller-team-of-lawyers-investigators-russia-probe/

＊2：House Intel report: Comey testified FBI agents saw no 'physical indications of deception' by Flynn, Fox News, May 4, 2018
https://www.foxnews.com/politics/house-intel-report-comey-testified-fbi-agents-saw-no-physical-indications-of-deception-by-flynn

＊3：Something seems rotten in Flynn's case — and maybe others, too, The Hill, April 30, 2020
https://thehill.com/opinion/judiciary/495366-something-seems-rotten-in-flynns-case-and-maybe-others-too

＊4：Brooke Singman, Michael Flynn prosecution, Fox News, March 16, 2020
https://www.foxnews.com/politics/michael-flynn-prosecution-a-timeline-of-trumps-ex-national-security-advisers-case

おわりに

日本ではほとんど報道されていないが、ジョー・バイデンの「大統領ぶり」は気の毒なほどにお粗末である。プロンプターに頼らず自身の言葉で喋《しゃべ》れば必ず「ボロ」を出す。喋りの途中で固有名詞（特に人名）はどこかに「飛び」、一つのセンテンスをまともに終えることができないこともたびたびである。バイデンハンドラーはそのことをわかっているようだ。本年（二〇二一年）三月三日、不可解な事件があった。

この日、バイデン大統領は、ホワイトハウスにセットされたステージから民主党下院議員との懇話会にヴァーチャル参加した。十分間の短いメッセージを伝えた後、「質問があればどうぞ」と民主党議員との質疑応答を始めようとすると、たちまちネット回線が遮断された。この後もバイデンが、自身の言葉で喋らせてもらえる機会は訪れなかった。トランプ大統領は就任から四十二日目に相当する二〇一七年三月三日までに二七回もの単独会見をこなしていたことを考えれば、いかに今の状態が異常かがわかる。

結局、バイデンが初めての単独記者会見に臨んだのは三月二十五日のことである。彼は、バイデンハンドラーに厳選されて会場に入った記者たちの写真入りリストを手にし、あらかじめ質問を許されている記者だけを指名した。「王様の耳はロバの耳」とは言わないことがわかっている記者ばかりであった。トランプ大統領は中国系メディアの記者にさえ質問を許していた。

国民に自身の言葉で語り掛けられない人物が史上最多の（取れるはずのない）八一〇〇万票を取った喜劇と悲劇がワシントンで起きている。バイデンハンドラーは、バイデンには外国首脳と直接語らせないと決めたようだ。外国首脳との実質的会談はカマラ・ハリス副大統領が行なっていると伝えられている。

いったい誰がバイデンハンドラーなのであろうか。おそらく複数の人物（グループ）であろうが、その実態はわからない。ただ、その一人にオバマ元大統領がいることは間違いなかろう。本書を読了された読者には、この意味するところを了解していただけるはずである。

バイデンハンドラーは旧オバマ政権で登用されていた人物を次々に復活させている。たとえば、外交の場面で重要となる国務省第三位（政治担当国務次官）のポストにビクトリア・ヌーランドがノミネートされた。彼女は、荒っぽい反ソ外交をウクライナを梃《てこ》にして進めたネオコン官僚であり、トランプ政権で国務省から外された。ヌーランドについては前著『アメリカ民主党の崩壊2001-2020』で詳述したように、ネオコン理論家の大御所ロバート・ケーガンの妻であり大のトランプ嫌いである。安全保障担当大統領補佐官にはジェイク・サリバンが就いたが、彼はヒラリーの右腕としてネオコン外交を繰り広げた人物である。ベンガジ事件の国民への説明で堂々と嘘をついたスーザン・ライス（元安全保障担当大統領補佐官）も、返り咲いた（Domestic

Policy Council 議長）。

こうした人物を登用すればロシアとの関係が悪化することは目に見えていた。二〇二一年三月十六日、バイデンはＡＢＣのインタビューで、「プーチン大統領は殺人者（Killer）だ」と罵倒した。他国の元首を戦時でもないのに侮蔑することは常識的にあり得ない。中東（とりわけシリア）およびアフガニスタンの安定、北朝鮮核実験・イラン核開発の牽制など何をとってもロシアの（暗黙の）了解が不可欠である（ロン・ポール元上院議員）。

憤ったプーチンは、バイデン大統領にオンラインでの公開直接討論を申し込んだ。ロシアは、ヒラリー・クリントンの個人メールサーバーを使った交信の全てを傍受していることは間違いないし、本書で書いた「ロシアをだしにしたトランプ弾劾」騒動の全貌も把握していることは確実である。トランプ大統領が築き上げた対ロ協調外交の成果は音を立てて崩れている。

中東の安定にはロシアの理解が必要であることをわかっているイスラエルは直ちにバイデンの愚かな発言に苦言を呈した（ベニー・ガンツ国防相）。米国内保守派も呆れた。

「ウラジミール・プーチンは振り付けのないガチンコの公開討論をバイデンに申し込んだ。バイデンは世界の笑いものになったのである。こんなことはトランプ大統領の時代には起こり得なかった」（チャーリー・クラーク：保守派学生団体ターニング・ポイントＵＳＡ代表）

「（プーチンを含む）世界中がわが国から本物の指導者が消えたことをわかっている。わが国の指導者と言われている人物はテレプロンプターなしでは喋れない。そのプロンプターさえまともに

読めない」（ドナルド・トランプ・ジュニア）

北朝鮮（金正恩）も、バイデン政権がレジームチェンジも辞さないネオコン外交に再び舵を切ることを感じ取っている。北朝鮮は控えていた弾道ミサイル実験を再開した（二〇二一年三月二十五日）。

不法移民問題でも米墨国境はカオスである。米民主党は一一〇〇万人もの不法移民になんとか市民権を取らせ、民主党権力維持のツールにしようと目論んでいる。「不法移民に優しい」政策の再開を期待して中南米諸国から不法移民予備軍が大挙して国境に押し寄せている。「バイデン大統領：どうぞ私たちを入れてくれ」とプリントしたTシャツを着ているものも目立った（誰がこのシャツを提供したか謎である）。カマラ・ハリス副大統領（国境問題担当責任者）は、対処を聞かれると不気味な笑いを浮かべるばかりで、ロジカルな説明を拒否している。

上記は本書脱稿後のわずか数週間で起きた事件の一部である。今後も続くこうした事件の本質を理解するための視点は本書で十分に提示できたと思っている。

本書の企画立案でもＰＨＰ研究所の永田貴之さんの助力を得た。面倒な編集作業では今回も堀井紀公子さんに尽力していただいた。この場を借りて謝意を表したい。

二〇二一年春　著者

人名索引